LEITURAS **L F** FILOSÓFICAS

MARIE-DOMINIQUE CHENU

O DESPERTAR DA CONSCIÊNCIA NA CIVILIZAÇÃO MEDIEVAL

Tradução
Juvenal Savian Filho

Edições Loyola

Título original:
L'éveil de la conscience dans la civilisation médiévale
© Librairie Philosophique
J. Vrin, Paris
www.vrin.com

Diretor geral: Eliomar Ribeiro, SJ
Editor: Gabriel Frade

Capa: Ronaldo Hideo Inoue
Diagramação: Flávia Dutra
Preparação: Maurício Balthazar Leal
Revisão: Rita Lopes

Projeto gráfico original da capa da coleção
idealizado por Inês Ruivo,
revisto e atualizado por Ronaldo Hideo Inoue.

Rua 1822 n° 341, Ipiranga
04216-000 São Paulo, SP
T 55 11 3385 8500/8501, 2063 4275
editorial@loyola.com.br, **vendas**@loyola.com.br
loyola.com.br, 🌐 @edicoesloyola

Todos os direitos reservados. Nenhuma parte desta obra pode ser reproduzida ou transmitida
por qualquer forma e/ou quaisquer meios (eletrônico ou mecânico, incluindo fotocópia e gravação)
ou arquivada em qualquer sistema ou banco de dados sem permissão escrita da Editora.

ISBN 978-85-15-03360-7

© EDIÇÕES LOYOLA, São Paulo, Brasil, 2006

SUMÁRIO

PREFÁCIO
Apresentação do tradutor brasileiro 7

INTRODUÇÃO 11

ABELARDO
O primeiro homem moderno 19

CISTER E SÃO VÍTOR
A interioridade do amor 31

O SOCRATISMO CRISTÃO 37

A PSICOLOGIA DOS ATOS HUMANOS 41

O ASSENTIMENTO DA FÉ 51

O AMOR CORTÊS 55

CONCLUSÃO 61

PREFÁCIO
Apresentação do tradutor brasileiro

O "pequeno grande livro" de Marie-Dominique Chenu sobre o despertar da consciência na civilização medieval dispensa qualquer apresentação.

Não fosse, porém, o tempo de 35 anos que nos separa de sua publicação, tal evidência se imporia inconteste. Ora, como ele nunca foi traduzido no Brasil (aliás, poucas obras de Chenu foram traduzidas aqui), vale dizer uma palavrinha sobre o espírito desta obra.

O princípio que parece nortear o texto de Chenu é composto de dois elementos: de um lado, o reconhecimento claro da utilidade do trabalho de análise e exegese dos textos baseado neles mesmos, em sua lógica interna e em sua ordem de razões; de outro, a experiência contemporânea que lamenta, muitas vezes, a incapacidade da postura exclusivamente analítica de transcender a obra que é seu objeto de investigação e descobrir-lhe a relação com outras obras e com seu tempo. Daí que, muitas vezes, como se diz, o historiador do pensamento, estando diante de uma árvore, não é capaz de perceber que está também diante de uma floresta, ou então começa a falar da floresta sem perceber que só há uma árvore. Ora, foi exatamente para evitar esse desnorteamento que Chenu compôs os breves ensaios enfeixados aqui sob o título *O despertar da consciência na civilização medieval*, após tê-los apresentado sob a forma de conferências no ciclo Conférences Albert-le-Grand, do Instituto de Estudos Medievais de Montreal, em 1968. Mas não apenas por isso.

O que movia Chenu, na realidade, parece ser uma convicção de que o espírito, em meio às suas operações, "busca unidade", de maneira que o próprio real não pode ser captado em sua densidade concreta a não ser para além das especificações, no trabalho de colhimento de um sentido que unifica as experiências isoladas.

Poder-se-ia, ainda, acrescentar que, se se busca chegar às camadas mais profundas de significação daquela atitude que defende um estruturalismo estrito como método exclusivo para os estudos de história da filosofia (rechaçando, por isso, toda tentativa de perscrutação de "sentido"), parece possível visualizar lá a defesa de uma atividade exclusivamente "narrativa" para a razão, conjugada a uma profissão de fé no indiferentismo como a melhor postura para uma razão que não tem como investigar o que subjaz a cada uma dessas (suas) narrativas. No antípoda dessa atitude, Chenu não poderia aceitar que ela fosse propriamente filosófica, ao menos se se toma por critério de atribuição do adjetivo "filosófico" a tradição nascida com os antigos de construção de um discurso fundamentado como *lógos apodeíktikos*. Essa perspectiva iluminaria a razão de ser um livro "generalista" como o de Chenu. Ao mesmo tempo, o rigor de suas citações mostra que não há "generalismo" nele.

Uma outra nota muito interessante no trabalho de Chenu e que se refere diretamente às questões que mais interessam ao homem contemporâneo refere-se à concepção de "pessoa humana". Ao contrário do que se diz, a contemporaneidade, muitas vezes, não consegue ler os antigos e medievais senão atribuindo a eles uma antropologia estabelecida segundo critérios moralizantes e moralistas, quando, ao contrário, Chenu denuncia tais critérios (chamando-os de deformação das "novas" teologias). Para ele, a pessoa humana deve conceber-se segundo critérios de totalidades, os quais devem considerar, inclusive, a inelutável dimensão do "não-definido e não-definível" (cf. Introdução, § 2).

É exatamente por essa sua insistência e por sua abertura de espírito que se entende como Chenu se mantinha atualizado com referência às pesquisas medievais. Na verdade, não há dúvida, hoje, de que ele constitui uma das raízes mais profundas do novo estilo de "história" e de "história da filosofia" praticadas no século XX com referência ao período medieval. Dessa perspectiva, ele mostrava-se um arguto interlocutor não apenas de autores como Étienne Gilson, Dom Wilmart, Henri de Lubac (com os quais já seria de esperar que dialogasse, porque esses professores também eram cristãos e, principalmente, "historiadores da filosofia" e "da teologia"), mas também com George Duby e Marc Bloch, entre outros, que não fizeram propriamente "história da filosofia" nem "da teologia". Ora, o próprio Chenu, por diversas vezes, preferia falar em "fenômenos de civilização", evitando, assim, uma linguagem eclesiástica ou filosófico-religiosa que permitisse cindir a unidade do real. Desse ponto de vista, ele não apenas acompanhava a pesquisa de alguns dos autores mais importantes de sua época, como também revelava uma preocupação clara com o que vinte ou trinta anos depois, em discussões pedagógicas, se haveria de chamar de "interdisciplinaridade" ou "transversalidade do saber" (por ele designadas, ainda, como "multidisciplinaridade").

Se é assim, o texto de Chenu, embora já bem datado, não perdeu sua atualidade. Ao contrário, embora as pesquisas nas áreas por ele tocadas tenham avançado consideravelmente, seu livro não contém erros de interpretação, pois sua fineza produziu um texto repleto de intuições sutis ainda válidas para o leitor que queira se aproximar dos séculos XII e XIII. Aqui está a razão de Chenu ser considerado um dos principais protagonistas do movimento de renovação dos estudos medievais no século XX. Essas são apenas algumas das razões que fizeram dele um grande medievista. E de seu "pequeno livro" uma grande contribuição para o estudo da ética medieval. A ele nossa homenagem.

São Paulo, dezembro de 2005
Juvenal Savian Filho

INTRODUÇÃO

Assim como é bom, na vida do espírito e igualmente nas ciências da natureza, consentir à especialização — não apenas porque ninguém pode abarcar, manifestamente, a totalidade do real, mas porque as condições metodológicas do saber são dadas pela fidelidade à especificação dos objetos —, tanto importa, outrossim, manejar recapitulações sintéticas, ainda que elas se prestem, sempre, a ser revisadas. Com efeito, a realidade não pode ser percebida em sua densidade concreta, inebriante para o espírito, a não ser para além das especificações. O espírito, aliás, em meio à sucessividade de suas intelecções, é conduzido por uma incoercível necessidade de unidade.

Os historiadores da filosofia e da teologia, o mais das vezes, não dão suficiente atenção a essa exigência. Os próprios trabalhos monográficos, versando sobre os fenômenos de civilização, não se atêm, nos textos e enunciados, senão à superfície literária, escrita, dos comportamentos e das análises, aí incluídas as meditações metafísicas e místicas. Ao pé da letra, trata-se de uma história *literária*, apegando-se às expressões, aos conceitos elaborados, que deixa à margem, entre os pressupostos, as sensibilidades espontâneas, as emoções coletivas, as situações psicológicas ou morais, e todo esse "imaginário" que não foi definido nem se pode definir.

Essa é uma grave lacuna não somente histórica, não somente psicológica, mas metodológica em filosofia como em todas as ciências do espírito, e mais ainda em teologia, se é verdade que a fé não tem sua vida por si mesma, posta sobre a realidade heterogênea da vida psicológica e social, mas se encarna e se exprime em comportamentos concretos, no tecido da vida coletiva do Povo de Deus; em suma, na história.

Vemos, assim, atualmente, se afirmarem, em reação contrária às departamentalizações tanto doutrinais como institucionais, as solicitações insistentes e a urgência de um trabalho interdisciplinar. Era essa, já, a insistência de Auguste Comte, que tem aval para nos falar ainda hoje: "Considerando-se, em seu conjunto, o desenvolvimento efetivo do espírito humano", diz ele no início de seu *Curso de filosofia positiva*, "vê-se que as diferentes ciências, de fato, aperfeiçoaram-se ao mesmo tempo e mutuamente; vê-se mesmo que os progressos das ciências e das artes dependeram uns dos outros, por inumeráveis influências recíprocas, e vê-se, enfim, que todos esses progressos estiveram estreitamente ligados ao desenvolvimento geral da sociedade humana. Esse vasto encadeamento é tão real que, freqüentemente, para conceber a geração efetiva de uma teoria científica, o espírito é conduzido a considerar o aperfeiçoamento de alguma arte que não tem nenhuma ligação racional com aquela teoria, ou mesmo a considerar algum progresso particular na organização social sem o qual não teria sido possível àquela descoberta ter acontecido [...]. Não se pode conhecer a verdadeira história de cada ciência, isto é, a formação real das descobertas das quais ela se compõe, a não ser estudando, de maneira geral e direta, a história da humanidade"[1].

Com base nessa elevada observação e nesse difícil programa, quereríamos apresentar uma das mais sugestivas ilustrações

---

1. A. COMTE, *Cours de philosophie positive* [s.l.: s.n.], 1830, t. I, 2ª lição, 81.

na era de civilização denominada "idade média" ocidental[2]: *o despertar da consciência*.

Por *consciência* entendemos, aqui, a compreensão total do termo, registrada na própria linguagem, a totalidade dos fenômenos psicológicos e morais, ao mesmo tempo muito diversos e continuamente entrelaçados, tais como se manifestam não apenas na sucessão, na mobilidade, na complexidade de nossos atos, mas também em sua fonte viva, para além do visível, do mensurável, do analisável, no nível daquilo que chamamos hoje de inconsciente, o qual fecunda, como um rio subterrâneo, desde a menor de nossas ações até nossos maiores desejos.

Recorrendo a uma outra expressão, complementar como objeto e em dignidade, falaremos da *interioridade* como qualidade característica de nossas operações humanas: interioridade de nós mesmos a nós mesmos, não somente na lucidez pela qual racionalizamos nossas espontaneidades, mas já no reflexo que provoca em nós, indivíduos e coletividades, essa descoberta inebriante que a reflexão jamais absorverá. Aí está, evidentemente, um dos lugares da inteligência do homem, de sua história, do progresso das sociedades, mesmo se os eventos exteriores se impõem dura e tumultuadamente a nosso espírito.

Falamos aqui de idade média ocidental na medida em que ela pode ser considerada um período homogêneo. Mas, nessa continuidade – a continuidade das consciências, assim como a da história –, houve tempos fortes, sobressaltos, inovações nas consciências, precisamente mais do que nas instituições, que foram decisivos para a evolução então inaugurada. O século XII é, inconteste, o pivô dessas evoluções. Reconhecem-no os historiadores da economia, como Marc Bloch, tão bem como os historiadores da espiritualidade, como Dom Wilmart. Aqui mesmo, no Instituto de Estudos Medievais[3], foram expostos, em 1933,

---

2. Reproduzimos nesta tradução o modo como Chenu grafa a expressão "Idade Média", ou seja, com iniciais minúsculas. (N.T.)
3. Chenu referia-se ao Instituto de Estudos Medievais de Montreal, onde ele proferiu o ciclo de conferências "Conférences Albert-le-Grand", em 1968.

de maneira excelente, os contextos e as causas, sob o sugestivo título *O renascimento do século XII*.

É desse ponto que parte nosso trabalho. Já o manifesta o uso da palavra *consciência*, que assume uma densidade técnica nos "tratados da consciência", tanto pelos chamados exames de consciência como para as tomadas de consciência. Sem dúvida, tanto em sensibilidade espiritual como em elaboração doutrinal, é no século XIII que o tema será levado à maturidade, sobretudo com a entrada massiva e provocante da filosofia grega, a de Sócrates e de Aristóteles. Mas o século XII é a idade do *despertar*, com suas ingenuidades, sua inovação, suas seduções sumárias. Ater-me-ei a ele, dispensado de prolongar o traço numa referência prospectiva aos futuros mestres da Universidade do século XIII, idade reflexo já de uma razão e de uma fé adultas, quando precisamente o homem adulto será definido pelo retorno sobre si (consciência) tornado o eixo e o critério da moralidade.

Apegando-me ao século XII, cuidarei, certamente, de não desprezar a "alta" idade média. E como esquecer, nesse capital já entesourado da consciência, a tradição monástica de São Bento, a permanente luz de Santo Agostinho, sem falar dos *fatos* da Igreja, como dos fatos de civilização, nessa idade férrea que foi o século X? Mais precisamente: tanto mais prestigioso e fecundo se tornou esse capital, tanto mais se produziu, então — para além de uma exploração que não satisfazia mais uma humanidade em novas condições sociológicas e religiosas —, um reinvestimento comandado tanto pela invenção de personalidades elevadas como pelas aspirações coletivas a uma renovação das formas e dos objetos, a um re-nascimento. A sensibilidade à embriaguez

---

O estudo que ele evoca é aquele publicado pelo mesmo instituto: G. PARÉ, A. BRUNET, P. TREMBLAY, *La Renaissance du XIIe siècle*. Les écoles et l'enseignement, Paris, Vrin, 1933 (Publications de l'Institut d'Études Médiévales, 3). Vale notar que, por indicação de Etienne Gilson e a pedido do governo francês, Chenu foi o criador do Instituto de Estudos Medievais de Montreal. (N.T.)

da interioridade do amor, em Cîteaux, comentando o *Cântico dos Cânticos*, é o belo fruto tanto do gênio de São Bernardo como de uma reinterpretação da Regra de São Bento fora da sacralização feudal: algo inteiramente diferente de uma "reforma" moral; uma criação inteiramente nova, no interior da tradição monástica.

Abelardo observa que os ditos cônegos regulares, na retomada da Regra (e da espiritualidade) de Santo Agostinho, se beneficiam de um novo nascimento, assim como de uma nova denominação[4]. Um *Ordo novus* substitui o *ordo antiquus*[5]. *Si vocabulorum novitatem non abhorres...* (se não te aborreces com a novidade das palavras...[6]), dirá Estêvão de Tournai, por volta de 1160, descrevendo prazerosamente a proliferação das formas sacramentais[7]. As inovações arquiteturais de Suger, em Saint-Denis, as criações realistas dos escultores de Chartres saem em descoberta do cosmos, dos números e do homem; o Deus que eles adoram e representam não manifesta mais sua transcendência esotérica pelas vias de um simbolismo fantástico, ele toma corpo e rosto como filho do homem. Nas paisagens e nos retratos, a natureza e o homem se reconhecem por eles mesmos, com emoção e convicção, e não permanecem mais como figuras.

Do mesmo modo, em todo o campo histórico dos anos 1120-1160, o epíteto *novus* qualifica, em todos os setores, desde a gra-

---

4. ABELARDO, *Epistola 12*: *Vos ipsi canonici regulares a vobis ipsis noviter appellati, sicut et noviter exorti...* (Vós, chamados inusitadamente por vós mesmos de cônegos regulares, assim como sois inusitadamente nascidos...) — PL 178, 351.

5. *Ordo novus*: nova ordem; *ordo antiquus*: antiga ordem. O termo *ordo*, aqui, designa os novos tempos e as novas formas de vida cristã então nascentes. A Idade Média ocidental, marcada pelo vocabulário de Agostinho, falará da *ordo* como uma das idéias ou atribuições fundamentais da inteligência humana. (N.T.)

6. Normalmente, Chenu não traduz as citações em latim. Por isso, salvo indicação em contrário, todas as traduções dos textos latinos são de responsabilidade do tradutor do texto francês. (N.T.)

7. ESTÊVÃO DE TOURNAI, *Summa*, ed. Von Schulte, Giessen, 1891, 260. O conservador Roberto de Melun (falecido em 1167) protestava contra a *detestabilis quaedam verborum novitas* (certa detestável novidade de palavras).

mática até as artes plásticas, desde as emancipações urbanas até as teologias da história, os produtos desse frenesi na investigação de novos continentes humanos. A sensibilidade psicológica e moral à *consciência*, à sua irredutível subjetividade, aos seus critérios será um dos mais significativos efeitos de suas descobertas, e como que seu denominador comum. O homem se descobre como *sujeito*[8].

---

8. Essa última frase de Chenu, "O homem se descobre como *sujeito*", poderia ser interpretada, pelo menos, de duas maneiras: num primeiro sentido, tomando-se *sujeito* como sinônimo de "tema", "objeto de investigação", e isso o manteria mais próximo do sentido medieval de *subjectum*, a substância tomada como fundamento de inteligibilidade. Entretanto, seria preciso nuançar o sentido da frase de Chenu, afinal o homem nunca deixou de ser objeto de especulação filosófica, e, nesse sentido, toda filosofia, seja ela grega, medieval ou moderna, é sempre "antropocêntrica". Num segundo sentido, porém, poder-se-ia tomar *sujeito* para designar algo mais parecido com a noção moderna de sujeito do conhecimento, aquele ponto de referência para o qual o mundo exterior e o seu próprio pensamento se constituem como "objeto", ou aquela consciência livre e individual, suporte de toda experiência, que cria sentido comportando-se como princípio explicativo de todo fato humano. Sem dúvida, é para as "raízes" dessa concepção moderna que Chenu parece querer apontar, embora se possa perguntar se se trata apenas de raízes ou já de uma árvore. No limite, desvela-se, aqui, um debate inteiro sobre a "subjetividade", mas a presente nota não quer destacar senão o fato de a linguagem de Chenu extrapolar os contornos semânticos do vocabulário medieval. Em outras palavras, lembrando-se que *sujeito* deriva de *subjectum*, vale dizer que, para os antigos e medievais, esse termo designa a substância ou o sujeito da proposição, mantendo-se o sentido etimológico do termo, que vem de *sub* e *jacere*, "lançar(-se) sob", sem se confundir com a noção moderna de sujeito do conhecimento. Assim, em primeiro lugar, *subjectum* é a substância e remete à ordem da ontologia; em segundo lugar, é o sujeito da proposição e remete à ordem lógica (é aquilo que, na ordem lógica, constitui o sujeito da proposição, sujeito de predicados, entre os quais se incluem as expressões dos acidentes, e corresponde, na ordem do ser, à substância, suporte de acidentes). Quanto ao termo *objeto*, derivado de *objectum* (de *ob* e *jacere*, "lançar[-se] diante de"), deve-se lembrar que, na terminologia medieval, esse termo designa, de modo geral, o aspecto preciso que especifica um determinado ato da inteligência ou do desejo. Assim, por exemplo, o *objectum* do inteligir é a verdade, enquanto o do querer é o bem — trata-se do que qualifica o ato, cuja repetição produz o hábito. (N.T.)

Sem dúvida, é uma empreitada difícil determinar esse eixo interior na coerência dos fenômenos de civilização, tão opostos às vezes em seu contexto. Como seguir esse filão em que cada pedra requer uma exploração autônoma e uma competência científica? É um belo risco. *Kalós kíndunos*. Desculpamo-nos, desde já, com nossos colegas e mestres, por tirarmos, assim, proveito de seus trabalhos, e por explorarmos com certa ousadia suas conclusões. Eles mesmos, nós o esperamos, não verão sem vantagens a projeção de suas obras para além de suas áreas de especialização[9].

---

9. Desculpamo-nos também por não fornecer uma bibliografia interdisciplinar, o que é evidentemente impossível de se fazer no quadro desse modesto ensaio. Mas há excelentes instrumentos. Nós os levaremos em consideração, no decorrer de nossa exposição, em algumas referências ocasionais. E se os tomamos nas publicações francesas isso não significa que ignoremos os excelentes trabalhos realizados em outras zonas lingüísticas; é para ser breve e não perder de vista a determinação global de nossa proposta.

ABELARDO
O primeiro homem moderno

Se evocamos Abelardo como primeiro e típico testemunho, não é sem uma certa reação contra a insistência sumária em defini-lo como um "dialético" e, por isso mesmo, como "criador do método escolástico". Essa fórmula não é somente muitas vezes ambígua, mas, por seu caráter unilateral, ela reduz, ainda, o temperamento de nosso arauto a um traço específico, em detrimento da extraordinária humanidade desse homem e da energia inquebrantável de sua fé. Basta evocar sua famosa correspondência, obra-prima de seu estilo e de sua alma, começando por sua *Historia calamitatum*[1]. A bem da verdade, nos fenômenos sísmicos dos anos 1120-1160, a descoberta do *sujeito* foi, por ele e nele, radiosa, um dos epicentros da gestação de um homem novo.

Foi a moral da *intenção* que provocou esse choque subversivo, incluindo seu excesso[2]. Moral da intenção, isto é, segundo a qual o valor de nossas ações e o julgamento que elas evocam,

---

1. *Historia calamitatum mearum*. [Pode-se consultar a ed. br.: ABELARDO, *História das minhas calamidades*, trad. Ruy Afonso da Costa Nunes, São Paulo, Abril Cultural (col. Os Pensadores). (N.T.).]
2. É evidentemente à *Ética* que se há de referir em particular: PL 178, 634-678. Citarei a tradução francesa de M. de GANDILLAC, *Oeuvres choisies*. Textes présentés et traduits, Paris, Aubier, 1945, e beneficiar-me-ei de sua introdução

diante de Deus e diante dos homens, se determinam não radicalmente pelos *objetos*, bons ou maus em si, envolvidos por essas ações — um roubo, um assassinato, um ato carnal —, mas pelo *consentimento* interior (*consensus/intentio*) que damos a eles. Não é o fato de matar que, por si, é pecado, mas o injusto consentimento prévio ao assassinato. É a vontade de cumprir um ato proibido que constitui o mal, mesmo se essa vontade se encontra impedida de o cumprir efetivamente.

Sem dúvida, o conteúdo objetivo de meu ato tem sua consistência: um prazer natural não é pecaminoso quando não é desordenado, mas, tanto no ato dito bom como no ato dito mau, o assentimento é o critério da moralidade, e de forma alguma a obra mesma (*opus*), o conteúdo objetivo, nem o resultado em sua materialidade. O efeito de uma boa intenção não pode ser mau; e o pecado está para além do desejo experimentado, da *voluntas* como movimento tendencial não-deliberado. O ato mesmo do pecado não acrescenta nada à culpabilidade do pecador nem à sua condenação pela justiça divina[3].

Radicalizando essa análise, digamos que é por seu sentido, sua significação, que vale todo projeto humano; o objeto e o conceito que o enuncia reivindicam sem cessar um sujeito que seja agente livre, porque o homem é um ser irredutível concebendo-se a si mesmo em sua abertura ao mundo e encontrando aí sua norma.

---

concisa e sugestiva. Para uma análise dos textos contemporâneos, o material relativo a documentos é reunido por O. LOTTIN, *Psychologie et morale aux XIIᵉ et XIIIᵉ siècles*, Louvain, J. Duculot, 1954, t. IV, 3ª parte, 1, 310-354: L'intention morale de Pierre Abélard à la fin du XIIᵉ siècle. Para o conjunto do desenvolvimento doutrinal, cf. R. BLOMME, *La doctrine du péché dans les écoles théologiques de la première moitié du XIIᵉ siècle*, Univ. Cath. Lov., Dissert. ad gradum magisterii, III, 6, Louvain, Publications Universitaires, 1958 — sobre Abelardo, cf. 115-164.

3. Em sua resposta ao 24º problema apresentado a ele por Heloísa, Abelardo comenta o texto de Mateus 15,11: *Non quod intrat in os coinquinat hominem sed quod procedit de ore* (Não é o que entra na boca que contamina o homem, mas o que sai de sua boca), como uma exata descrição do pecado; *consensus et intentio* (consentimento e intenção), empregados aqui em plena sinonímia, o definem. Cf. *Problemata Heloissae*, PL 178, 709-710.

No início de sua *Ética*, Abelardo multiplica os exemplos para ilustrar a distinção entre o *vício* — disposição inscrita na alma ou no corpo, mesmo na ausência de qualquer ação, como o coxo é coxo ainda que ele não ande — e o *pecado*, que, para ele, é um ato (*operatio*) que torna culpado, num desprezo implícito de Deus. "Deus não pesa tanto nossos atos como o valor mesmo de nosso espírito, e a ação, quer seja procedente de uma vontade boa, quer de uma vontade má, ela mesma não acrescenta nada ao nosso mérito."

Exemplos os há como o daquele que mata para defender-se contra seu agressor, do pai que se faz substituir a seu filho na prisão sem querer o aprisionamento do filho, do fornicador que peca não desejando a mulher, mas consentindo a esse desejo. Entretanto, há um exemplo mais provocante e que escandalizou São Bernardo: os carrascos do Cristo, que "não sabem o que fazem" e "obedecem a ordens recebidas" são inocentes do sangue derramado. Assim, pecamos precisamente nisso que consentimos ao ato criminoso, prontos a realizá-lo desde que o possamos. Alguém pego em flagrante delito é considerado culpável de um pecado ainda maior; mas, aos olhos de Deus, sua falta não é menor do que era desde o momento em que se esforçava o quanto podia e o quanto estava nele efetivar o ato proibido, mesmo se se encontrasse impedido de realizar esse mesmo ato.

De modo semelhante, vice-versa, a bondade de um ato se mede por sua intenção, pela pureza de sua intenção. Não podemos manifestar de melhor maneira o valor supremo da intenção, no comportamento do espírito e do coração, do que evocando a própria paixão de Heloísa, discípula muito fiel de Abelardo e como que a prova viva de sua doutrina: ela declara e defende grandiosamente a verdade e a santidade de seu amor — "Meu amor é desinteressado". Ela o havia mostrado, os senhores sabem, cumprindo sem revolta a ordem de seu esposo e manifestando, por sua entrada na vida religiosa, que ele era o mestre de seu coração e de seu corpo. Étienne Gilson comenta: "Heloísa alcança, aqui, sobre Abelardo, o triunfo mais completo, mas não o menos deplorável, de todos aqueles que ela jamais pôde desejar. Ela faz, enfim, que ele compreenda algo. 'Quereis vós amar a Deus?', nos diz ele. 'Não o ameis como eu amei Heloísa, mas como Heloísa me amou a mim'"[4].

Sem seguir mais de perto a análise de Abelardo nem retomar as reações que, por seu testemunho freqüente, provocou sua tese, nem discernir as ambigüidades de sua posição, inclusive em seu vocabulário, observemos as razões psicológicas e religiosas do choque subversivo produzido então sobre os comportamentos mentais e institucionais assim encarados: era arruinar pela base a disciplina moral e penitencial em curso, estabelecida que estava essa disciplina sobre a lei objetiva e as pressões do costume[5].

Os cristãos, tanto da parte do povo como da parte de seus pastores, malgrado as prestigiosas inspirações dos Padres, malgrado as finas lições dos fundadores monásticos, malgrado o senso da interioridade do Evangelho, atinham-se comumente a atitudes de dócil e passiva inércia. É toda a literatura pastoral que seria necessário inventariar aqui, com o irresistível peso dos fatos por sobre os princípios lembrados aqui e ali. Eis alguns de seus traços.

Os mais imediatos se revelam na prática do sacramento da penitência, lugar significativo, porque comporta a consciência dos atos cometidos e, depois, a contrição: dupla exigência de interioridade subjetiva.

Ora, a reforma gregoriana não tinha eliminado profundamente as práticas, as regras e a mentalidade que a difusão dos

---

4. Remetemos com satisfação a Etienne GILSON, *Héloïse et Abélard*, 3. ed. rev., Paris, Vrin, 1964 [1. ed. 1938], obra a um só tempo rigorosa na análise e perspicaz no discernimento das psicologias.

5. Choque subversivo desse apelo à consciência: eu ousaria comparar com tal choque, num anacronismo sugestivo, o choque produzido pelo apelo à consciência dos esposos e à paternidade responsável proclamado pelo Concílio Vaticano II como regra imediata da fecundidade — depois de muitos séculos de obediencialismo sumário a uma lei exterior.

penitenciários célticos tinham estabelecido sobre o continente, tal como aparecem, entre outros, no Penitenciário de Teodoro (da metade do século VIII). Sem que se negligencie a renúncia espiritual, a conversão do coração, o regime das sanções objetivava duramente, até nas "tarifas", as densidades penitenciais, acomodadas, aliás, à grosseria dos costumes primitivos e à incultura dos delinqüentes. O dispositivo do regime sobrevivia, de fato, às novas sensibilidades que já lhe arruinavam a validade[6]. Nos fatores complexos da operação sacramental, o aparelho societário do poder da Igreja e o caráter judiciário das obrigações penitenciais infligidas cingiam a emancipação das consciências e seu juízo[7] pessoal. Para falar segundo as categorias recebidas, as obras de reparação (*satisfactio*), fator objetivo e eclesiástico, sobrepujavam em muito ao arrependimento (*contritio*), fator subjetivo.

Na linha abelardiana, a contrição há de tornar-se o centro da disciplina penitencial: ela libera imediatamente do pecado, reduzindo o papel da absolvição, que se torna declaratório, o que ameaçava mesmo o poder das chaves, quer dizer, o perdão dos pecados fundado na autoridade sacerdotal, fator societário objetivo. São Bernardo, no Concílio de Sens (1140), denunciará esta como uma das "heresias" de Abelardo. Mas é a partir daí que a teologia da contrição será logo elaborada, livre de criticar o subjetivismo de Abelardo, pelas *Sentenças* de Pedro Lombardo e pelo *Decreto* de Graciano. O perdão interior de Deus não é provocado pelo padre durante a confissão, por mais que esta seja necessária: o perdão sobrevém desde o momento em que o homem chora seu pecado e ama seu Deus (*Sentenças* IV, d. 18, c. 4). Santo Tomás articulará, de maneira orgânica, os atos do sacramento que se unem no duplo movimento do livre-arbítrio, *motus*

---

6. A fábula do *Cavaleiro e o barril* manifestará essa nova sensibilidade: o cavaleiro deve, como penitência, encher um pequeno barril, mergulhando-o na água, porém o barril continua vazio. Mas eis que, na contrição de seu coração, ele derrama uma lágrima: essa única lágrima basta para encher o barril.

7. No orig. *jugement*. (N.T.)

in Deum (movimento para Deus) e *motus in peccatum* (movimento para o pecado)[8].

Compreende-se que Abelardo se oponha vivamente à opinião de Bernardo de Chartres, que, em seu "platonismo gramatical", considera as palavras sacramentais da Eucaristia eficazes por si, mesmo se pronunciadas por um leigo[9].

Do mesmo modo, por essa primazia do sujeito, descarta ele a posição de quem consideraria, ainda, não-reiterável o sacramento da penitência, posição vetusta, mas ainda aceita por Geroch de Reichersberg e pelo *Liber de paenitentia*[10].

Abelardo, enfim, contribuirá para a eliminação decisiva, porque doutrinalmente motivada, da prática da chamada *paenitentia solemnis*, isto é, da imposição pública de sanções exteriores, em benefício da penitência privada. Santo Tomás não lhe consagrará mais do que uma *quaestio*, em apêndice à sua doutrina da penitência.

Pode-se seguir a penetração contínua desse "subjetivismo" na literatura penitencial, que registra e elabora, a partir de então, o cuidado de uma adaptação psicológica à personalidade do penitente. O *Liber de paenitentia* de Alano de Lille[11] é um bom testemunho disso, no entrelaçamento de uma evolução que se desenvolve, sobretudo a partir da legislação do Concílio de Latrão (1215), num pulular de tratados e diretórios em duas direções, apropriadamente distinguidas por Michaud-Quantin: de um lado, os "manuais de confissão", elaborados em vista do exercício do exame de consciência; de outro, as "sumas de caso de cons-

---

8. Sobre essa evolução, cf. B. POSCHMANN, *Pénitence et onction des malades*, Paris, Du Cerf, 1966 (Histoire des dogmes IV, 3). Nessa obra, Poschmann resume seus trabalhos anteriores.

9. Cf. M.-D. CHENU, Un cas de platonisme grammatical au XIIe siècle, *Revue des sciences philosophiques et théologiques*, Paris, Vrin, n. 51 (1967) 666-668.

10. Cf. GEROCH DE REICHERSBERG, *Liber de aedificio Dei*, 39. PL 194, 1281-1291. Cf. também o anônimo *Liber de paenitentia*, c. 10-15, PL 213, 873-879.

11. Cf. ALANO DE LILLE, *Liber paenitentialis*. PL, 210, 281-30 (recensão curta). Veja-se também a edição crítica de J. LONGÈRE: Alano de Lille, *Liber paenitentialis*, Louvain, Nauwelaerts, 1965, 2 t. (Analecta medievalia namurcensia, 17-18).

ciência", cuja casuística introduz, na prática formalista da penitência, os elementos de intenção, circunstância, responsabilidade, "personalização e fineza psicológica, que dão um novo tom"[12].

Convergindo para essa mesma atenção ao sujeito e a seus direitos, produz-se, nessas mesmas conjunturas psicológicas e sociais, a evolução dos procedimentos jurídicos: o século XII vê triunfarem críticas cada vez mais categóricas contra os ordálios, os duelos judiciários, as provas do fogo ou da água, as promessas e as maldições, tudo concebido como "julgamento de Deus" num sobrenaturalismo sumário que operava uma alienação das consciências, transferindo para a divindade aquilo que se referia, na verdade, a discernimentos e provas de inocência ou culpabilidade[13].

---

12. Cf. P. MICHAUD-QUANTIN, *Sommes de casuistique et manuels de confession au moyen-âge* (XIIe-XVIe siècles), Louvain, Nauwelaerts, 1962 (Analecta medievalia namurcensia, 13). Concorda-se sobre a importância da acolhida e do conhecimento do penitente. É preciso dar-se conta de sua personalidade, estar desperto para considerar suas condições de vida e de seu papel social. Convém mitigar as penas, a fim de que o penitente não caia num estado de *desperatio* (desespero) diante de uma satisfação excessivamente pesada para cumprir. O confessor é um *medicus spiritualis*, diz Alano de Lille. Assim, chegar-se-á à extrema individualização da operação: *Tot sunt considerationes quot homines* (Tantas são as considerações quantos são os homens), dirá, na sua Suma, o mestre Paulo de Hungria, OP, de Bolonha (c. 1225). Casuística? A palavra moderna terá outras ressonâncias. Mas, antes, *ponere casum* (considerar o caso): expor uma situação concreta determinada, para precisar como se podem aplicar aí os princípios do ensinamento abstrato.

13. "Na tomada de consciência da interioridade dos valores morais, na descoberta em profundidade de sua personalidade, o homem sabe agora que ele não se redime por atos mágicos, ou nas provas rituais do ordálio, mas que ele ganha sua salvação por atos, mais ainda por intenções (Abelardo), pelo amor e a razão que lhe revelam sua origem divina e que a cultivam" (G. DUBY, *L'Europe des cathédrales, 1140-1280*, Genève, Skira, 1966). Apraz-nos citar aqui, sem prejuízo dos trabalhos eruditos sobre os ordálios e outros procedimentos judiciários, a obra de G. Duby, que manifesta, em momento oportuno, a significativa convergência dos fenômenos de civilização, aí incluídas as artes (sua obra foi publicada na coleção Artes, Idéias, História). Será necessário, assim, observar sutilmente a libertação, laboriosamente realizada, da prática sacramental com relação à mentalidade mágica, nesse século tanto sacramentário como evangélico.

E não é somente a autoridade judiciária que se alinha nessa exigência cada vez mais verificada, mas a autoridade em geral, cujo exercício integra, mesmo em seus formulários, os valores da pessoa, de suas intenções, de sua consciência, de sua irredutível autonomia. Um certo obediencialismo mesmo das regras monásticas, instituído, aliás, no paternalismo feudal, é agora recusado, mais ou menos sincronicamente, pelas exigências dos movimentos evangélicos durante todo o século. Um ideal de fraternidade, sociologicamente solidário das emancipações econômicas e políticas, impõe um modo de exercício novo às relações de autoridade, não somente nos comportamentos, mas sobretudo nas estruturas governamentais.

É a concepção mesma da lei que, segundo a abertura dessa perspectiva, encontrar-se-á elaborada fora do perspectivismo excessivamente objetivo do Antigo Testamento. E isso irá até o amadurecimento de uma moral política, segundo a qual os soberanos são convidados não mais a se olhar no "espelho dos príncipes", à imagem dos reis de Israel, mas a remeter-se a critérios internos estabelecidos nos tratados *De regimine principum* (*Sobre o regime dos príncipes*)[14].

Não tendo de nos enveredar, aqui, por essa alta história da teologia sociológica[15], atemo-nos, no que diz respeito à nossa temática, a dois axiomas, cujo uso balizado não somente se difunde literariamente, mas influencia também as estruturas morais.

---

14. Cf. K. L. BORN, The Specula principis of the Carolingian Renaissance, *Revue belge de philologie et d´histoire*, Bruxelles, R. Sand, n. 12 (1933) 583-612; M. BERGER, *Die Fürstenspiegel des hohen und späten Mittelalters*, Leipzig, 1938; E. DEHARUELLE, Jonas d´Orléans et le moralisme carolingien, *Bulletin de littérature ecclésiastique*, Toulouse, Institut Catholique (1954) 129-143, 221-228. O *De regimine principum* de Santo Tomás de Aquino será, no século XIII, um caso representativo da nova moral. A grande obra de João de Salisbury, não menos que os esforços da dinastia dos plantagenetas e da realeza capetina haviam operado essa transformação.

15. Nem de observar que, na lógica desse personalismo, Abelardo termina paradoxalmente por arruinar a moral, apesar de a moral se consumar concretamente no *agir*, e, além disso, corre o risco de reduzir gravemente a comunicação intersubjetiva.

O primeiro é sugestivo, inclusive em sua formulação: É o teu amor que qualifica as tuas obras — *Affectus tuus operi nomen imponit*[16]. É a vontade, a vontade intencional que decide sobre teu ato e o define. Essa expressão é tomada de um florilégio de Santo Ambrósio, mas ela vai adquirir valor de princípio. Alano de Lille, com todos os discípulos de Gilbert de la Porrée, o comenta, sob o impulso de Abelardo. Ele recorta a fórmula de Hugo de São Vítor, *Quantum vis tantum mereris*: o mérito está na medida do querer, como se o ato exterior não lhe viesse a acrescentar nada. Ou ainda *Quantum intendis tantum facis*: tu não fazes mais do que aquilo que está posto em tua intenção. A ignorância escusa; mas também são os motivos de tua ação que lhe dão sentido, valor, verdade humana. Serão esses, de agora em diante, os clichês recebidos por toda a seqüência dos moralistas[17].

Omne quod non est ex fide peccatum est (Tudo o que não procede da fé é pecado). Essa segunda fórmula, tomada literalmente de Romanos 14,23, terá um destino mais notável ainda: ela será o axioma oficial para sustentar moral e juridicamente os direitos da consciência. *Ex fide*: entendam que a "boa-fé" impõe, sob pena de pecado, que se siga a consciência. Melhor seria sofrer uma excomunhão do que ir contra sua consciência, responderá Inocêncio III ao arcebispo de Bourges, e sua decisão se fixará nas *Decretais* (c. 13, X, II, 13, Friedberg, II, 287):

> Quoniam omne quod non est ex fide peccatum est, et quidquid fit contra conscientiam aedificat ad gehennam... quam (persona) illa contra Deum non debeat in hoc juidicio obedire, sed potius excommunicationem humiliter sustinere[18].

---

16. Aqui, a tradução que antecede o texto latino é do próprio Chenu. (N.T.)

17. Cf. O. Lottin, *Psychologie et morale aux XIIᵉ et XIIIᵉ siècles*, Louvain, J. Duculot, 1954, t. IV, 3ª parte, 1, 320, 334-337, 349, 907.

18. Porque tudo o que não procede da fé é pecado, e o que quer que seja que se faça contra a consciência constrói para a Geena [...], a pessoa não deve, contra Deus, obedecer neste juízo, mas suportar humildemente a excomunhão. Comentário da fórmula agostiniana em Abelardo, *In Epistola ad Romanos*, Ed. Cousin, t. II, 336.

Essa posição — ilustrada ainda, em pleno século XX, pelos mais graves problemas — será universalmente retida pela teologia clássica e pelo direito canônico. Santo Tomás a ensina explicitamente, contra o bispo de Paris, seu contemporâneo. Ele declara que somos obrigados, em consciência, a separar-nos da comunhão cristã quando não podemos mais crer na divindade de Cristo. Não podemos agir *contra veritatem vitae* (contra a verdade da vida), mesmo sob o risco de causar um escândalo[19].

Uma vez mais, Abelardo, o primeiro, foi o doutor desses direitos da consciência errônea. Isso não quer dizer, certamente, que faz o bem aquele que age mal crendo fazer o bem; mas ele não é responsável, porque o erro, involuntário evidentemente, anula a culpabilidade.

Outra posição de Abelardo, na lógica assaz rígida de sua tese: o pecado original não é evidentemente um pecado, se o pecado se julga em função da interioridade e da culpabilidade da consciência.

Sem me deter nesse problema sempre aberto sobre a ambigüidade da palavra "pecado", terminarei essa evocação de Abelardo e medirei o gênio pela duração da história, considerando sua iniciativa o primeiro grande episódio, no Ocidente, de uma moral da pessoa, descolada de uma moral da natureza. Abelardo não é, de forma alguma, um "naturalista", como foram seus contemporâneos da Escola de Chartres, grandes leitores do *Timeu*.

---

19. SANTO TOMÁS DE AQUINO, *In IV Sent.*, d. 38. Exp. textus. Cf. *Summa theologiae* IaIIae, q. 19, a. 5: *Credere in Christum est per se bonum et necessarium ad salutem; sed voluntas non fertur in hoc nisi secundum quod a ratione proponitur. Unde si a ratione proponitur ut malum, non quod illud sit malum secundum se, sed quia est malum per accidens ex apprehensione rationis* (Crer em Cristo é, por si, bom e necessário à salvação; mas a vontade não é levada a isso a não ser segundo o que se propõe pela razão. De onde que, se, pela razão, algo se propõe como mau, não é porque seja mau por si, mas porque é mau por acidente, segundo a apreensão da razão). Guilherme d'Auvergne, bispo de Paris (falecido em 1249), sustentava que em nenhum caso pode a consciência obrigar a fazer isso que é mal objetivamente: se a lei da consciência ab-rogasse a lei de Deus, o que poderíamos dizer de mais absurdo? Essa posição habita, ainda hoje, certos espíritos.

Seu domínio é o das disciplinas do espírito (*trivium*), não o das ciências da natureza (*quadrivium*). Seu universo humano não se estrutura numa visão hierárquica do cosmos, incluindo a totalidade dos seres, e, portanto, fornecendo a regra, exterior e interior, de cada um. O homem é, no grande universo, um "microcosmos". A alta idade média, inclusive em seus maiores mestres (e no maior, quase contemporâneo, Santo Anselmo), e desde os princípios de sua vida social, retinha essa configuração estável como a lei do próprio homem. Abelardo, em sua exaltação do "sujeito" humano, introduz uma descontinuidade nesse encadeamento: o ser humano detém os meios e o risco de uma iniciativa; sua intenção é criadora de valor moral, mesmo que em detrimento da ordem das coisas. O homem é uma pessoa, sujeito irredutivelmente original, que realiza uma forma de ser, cuja intervenção escapa, de certa maneira, à natureza[20]. Abelardo não escreveu o admirável poema de Alano de Lille, próximo de Chartres e dos porretanos, sobre a Senhora Natureza, hipostasiada numa deusa cristã[21]. Sem dúvida, não se deve exagerar essa descontinuidade no encadeamento dos seres e dos valores. Santo Tomás construirá uma moral em que a lei humana entra nas leis gerais da natureza, com suas objetividades. Mas Santo Tomás também perceberá a irredutível originalidade do sujeito e elaborará uma filosofia da pessoa. Abelardo foi seu precursor: o primeiro homem moderno.

---

20. Aproprio-me, aqui, por conta própria, de uma sugestão perspicaz de Yves CONGAR, *Situation et tâches presentes de la théologie*, Paris, Du Cerf, 1967, 68-70.
21. ALANO DE LILLE, *De planctu Naturae*, PL 210, 447, ode sáfica em doze estrofes.

CISTER E SÃO VÍTOR
A interioridade do amor

Passar de Abelardo a São Bernardo significa, sem dúvida, mudar de universo, tanto local como mental; da turbulência das escolas urbanas ao silêncio dos vales cistercienses. Mas sua violenta oposição não contradiz em nada nossa proposta de os considerar em conjunto, nesse extraordinário florescimento das doutrinas — e das experiências — do amor, que foi a maravilha dos anos 1120-1160. Sigo com prazer a enumeração cronológica das obras então produzidas, que propõe de maneira tão sugestiva Étienne Gilson, à frente de seu *São Bernardo*[1]. Que feliz paradoxo da história, que nos obriga a considerar em conjunto todas as dimensões do homem!

Não precisamos, aqui, descrever essas maravilhas, as quais fazem desse século, como se disse, o século da invenção do amor (no Ocidente), senão para evocar, sem mais, em continuidade com os mestres dessa história, como foram, por exemplo, Wilmart, Gilson, Leclerq, a capacidade de intimidade que aproximou não somente alguns grandes espíritos, mas todo um povo anônimo atingido por esse contágio.

---

1. E. GILSON, *La théorie mystique de saint Bernard*, Paris, Vrin, 1934, 15-16. Não preciso dizer que reli mais de uma vez essa obra para fundamentar a breve evocação que me permito fazer aqui.

Isso porque, se há um traço comum do amor em meio a todas as definições que dele foram propostas, em meio a todas as experiências que dele foram feitas e descritas, está, sem dúvida, sua extrema capacidade de interioridade: a extraordinária exaltação da consciência de si se produz *à medida do dom ao amado*[2], Deus ou criatura — paradoxalmente, em seu êxtase mesmo.

A opulência do vocabulário psicológico empregado nessa análise é o exato correspondente verbal da opulência das operações do amor, em suas certezas intuitivas. Elas emanam todas da comunhão com o amado, nas núpcias cujo entorpecimento produz uma total *fiducia* (impossível traduzir esse termo da língua de Bernardo[3]). Todo temor é banido, e essa espontaneidade conquistada no dom de si é o belo fruto e a razão, ao mesmo tempo, da liberdade. "O amor não requer outra causa nem outro fruto além de si mesmo. Amo porque amo, amo para amar. Que grande coisa é o amor, se ele volta ao seu princípio, retorna à sua origem e, refluindo para sua fonte, dela extrai o que transbordar sem fim."[4]

É evidentemente do amor de Deus que se trata, em São Bernardo e Guilherme de Saint-Thierry, porque somente ele pode realizar essa perfeição, uma vez que somente ele pode, sem reduzir a dualidade que exige o amor, realizar-se na unidade do espíri-

---

2. Poder-se-ia traduzir essa expressão também como: *à medida da entrega ao amado*. (N.T.)

3. De fato, como observa o próprio Chenu, é impossível traduzir o termo *fiducia*, sem mais, por um equivalente direto em qualquer língua moderna, a não ser mantendo a forma original adaptada como ocorre, por exemplo, em português, com o termo "fidúcia". Outra opção seria traduzir por "confiança", mas esse termo também não parece esgotar a riqueza semântica da extensão do termo latino *fiducia*. (N.T.)

4. SÃO BERNARDO, Sermão sobre o Cântico dos Cânticos, sermo 83, trad. Etienne Gilson, in E. GILSON, *La théorie mystique de saint Bernard*, 160. [O texto literal da tradução de Gilson diz: *L'amour ne requiert d'autre cause ni d'autre fruit que lui-même. J'aime parce que j'aime, j'aime pour aimer. Quelle grande chose que l'amour, pourvu qu'il revienne à son principe, retourne à son origine et, refluant vers sa source, lui emprunte de quoi couler sans arrêt* (N.T.).]

to, quer dizer, na semelhança que é, para os espíritos, o equivalente da união carnal na ordem do corpo (E. Gilson). O homem torna-se, assim, "imagem de Deus". Não somente aquisição da virtude que nos torna semelhantes à perfeição de Deus, mas identidade de espírito que é, ao mesmo tempo, o amor que Deus tem por si e o amor que nós temos por ele. Mais Deus me é íntimo, mais eu sou íntimo a mim mesmo. A semelhança divina é a "forma": mais se é invadido por essa forma, mais ela é ela mesma. O círculo da interioridade é perfeito: *A te proinde incipiat tua consideratio, non solum autem, sed et in te finiatur* (De ti proceda a consideração sobre ti mesmo, mas não apenas isso, também em ti ela termine).

Assim se resolve o paradoxo do êxtase: o *excessus mentis*[5], que se apresenta como uma perda de si mesmo, uma perda de seu *proprium*, como uma "quase" anulação, leva a mente, na verdade, ao seu ponto mais alto, numa extravagante conformidade ao Outro, a plenitude do ser. Experiência de todos os amores. Possuir Deus é se possuir a si mesmo. Não há nada de panteísmo nisso, porque o amor faz que, na vontade de que o outro seja o outro, o amado seja tanto mais ele mesmo quanto mais ele é amado[6].

Passando a São Vítor, não saímos do quadro cronológico cuja coerência cultural é marcante não somente nas altas zonas do espírito, mas em uma multiforme criatividade, desde a poética dos trovadores até a invenção da ogiva, em Saint-Denis, desde o naturalismo da Eva carnal e pura de Autun até a primeira filosofia política da soberania fora do mito do Sacro Império. Mas aí mesmo experimentamos a mais extrema flexibilidade das variações sobre o tema do amor e na percepção de suas intimidades. É irritante que certa teologia despersonalize essas expressões irredutivelmente singulares e as reduza a princípios pobremente objetivos.

---

5. "Excesso da mente", não em sentido moral, mas ontológico. Trata-se do ultrapassamento da mente, seu transbordamento. (N.T.)

6. Outra vez, e agora mais expressamente, remetemos a E. GILSON, *La théorie mystique de saint Bernard*, 242: *Excessus mentis et Raptus*.

Se fosse preciso determinar, com base em seu solo sociológico, a originalidade dos vitorinos, diríamos — muito sumariamente — que, em face do feudal São Bernardo, reencontramos aqui, numa colegiada urbana, implantada num bairro da periferia de Paris em expansão, homens ultra-sensíveis às inovações de um mundo emancipado da economia agrária e membros de comunidades onde se engendra um novo tipo de relações humanas, com uma intensa circulação dos bens e das pessoas. As novas disciplinas entram no mesmo nível em São Vítor, e Hugo estabelece não somente a coordenação dessas disciplinas, mas também seus valores, humanos e cristãos, numa cristandade desfeudalizada do estado monástico[7]. Muitos vestígios da idade anterior permanecem, como é o caso da qualificação das artes mecânicas, às quais se associa ainda a velha etimologia de artes adulterinas (*moechiae* — compreendam, para a vida do espírito). Mas também aquela lucidez audaciosa na contemplação da natureza e na confiança na razão. *Omnis natura rationem parit, et nihil in universitate infecundum est* (Toda natureza pare a razão e nada no mundo é infecundo). Só por essa palavra Hugo já merece a reverência de todos os tempos.

O admirável — e isso é pleno de sentido também para o nosso século, sedento de mudança e de novidades — é que essa turbulência urbana e esses apetites intelectuais não reduzem de modo algum a atividade do espírito nem a suavidade ardente da contemplação. Entre todos, Ricardo, uma geração depois de Hugo, é testemunha disso.

Como para Bernardo e Guilherme de Saint-Thierry, remetemos às análises que, já há vinte anos, renovaram a memória dos vitorinos. Queremos mesmo insistir, ainda mais que na moral da consciência e da intenção, na capacidade de análise de si, sob o conhecimento de Cristo e por ele, que manifestam o *Benjamin major* e o *Benjamin minor*, o *De Trinitate*, digna réplica de Santo Agostinho, e tantos outros opúsculos, de uma tonali-

---

7. Hugo de São Vítor, *Didascalion*. PL, 176. [Ed. br.: *Da arte de ler*, Petrópolis, Vozes, 2001. (N.T.).]

dade totalmente diferente das *Meditationes* de Guigues, o Cartuxo, ou dos comentários cistercienses do *Cântico dos Cânticos*.

O vocabulário da interioridade e a análise da consciência manifestaram a capacidade criadora da língua latina desse tempo, mais ainda talvez que entre os monges, a ponto de ainda hoje nos comprazermos em utilizá-lo. Ocorre que, às fontes bíblicas, às pressões afetivas, acrescenta-se, em São Vítor, uma erudição técnica que alimenta o repertório de um tipo novo de descrições, de classificações, de definições[8].

Distinguirei dois fatores na gênese e no clima dessas experiências e desses conceitos: em Hugo, a referência ao historiador bíblico e à sua literalidade[9], que, sem ter sempre sucesso,

---

8. Eis aqui um florilégio (para sermos breves, remetemos a R. BARON, *Études sur Hugues de Saint-Vítor*, Paris, Desclée de Brouwer, 1963): *Cognitio sui tres habet species, cognitionem proprie necessitatis, utilitatis, honestatis; vel cognitionem proprie vite, doctrine, fame. Ad vitam respicit necessitas, ad doctrinam utilitas, ad famam honestas* (O conhecimento de si tem três espécies, o conhecimento propriamente de necessidade, de utilidade e de honestidade; ou o conhecimento propriamente da vida, da doutrina e da fama. À vida diz respeito a necessidade; à doutrina, a utilidade, à fama, a honestidade — 124, citando o *De contemplatione*). *Dispositio, causa, ratio*: elementos da *meditatio in creaturis* (meditação sobre as criaturas — 107, citando o *De meditatione*, PL, 176, 993). Análise racional da "anagogia" (105, citando o *In Hier.* 7, PL 175, 946). O par *imago–similitudo* (imagem–semelhança — 102). A divina beleza é *formifica*, isto é, fazedora de formas (169, citando *In Hier.* 7, PL 175, 1054). A emanação "hierárquica" de Deus criador (Dionísio, Escoto Erígena) é *post ipsum similitudine, sub ipso conditione* (posterior a ele, quanto à semelhança, submissa e ele quanto à condição — 181). Todo o vocabulário da *experientia*, que não se fixa sobre o puro sentimento (181). Acrescentamos que, com o comentário da *Hierarquia* de Dionísio, penetra um vocabulário cósmico, estranho a São Bernardo, e mesmo talvez a Guilherme de Saint-Thierry. Cf. R. ROQUES, Conaissance de Dieu et théologie symbolique d'après l'In Hierarchiam caelestem Dionysii de Hugues de Saint-Victor, *Recherches de Philosophie*, Paris, Desclée de Brouwer (Association des Professeurs de philosophie des Facultés catholiques de France), III-IV (1957).

9. "A linha da história não é muito visível em Dionísio. Ela ganha relevo em Hugo. Vemos seu universo constituir-se não somente verticalmente como em Dionísio, pelas estruturas hierárquicas, mas também seguindo uma linha horizontal, pelo movimento da história" (R. BARON, *Études sur Hugues de Saint-Vítor*, 183, 217).

expurga uma alegorização moral imperante quase sistematicamente nas homilias dos abades cistercienses da segunda geração[10]; e em Ricardo a estima da atividade apostólica, que, além de um transbordamento da contemplação, é um valor evangélico direto[11].

---

10. Cf. M.-D. CHENU, La décadence de l'allégorisation: un témoin, Garnier de Rochefort, in *Mélanges H. de Lubac*, Paris, Aubier, 1964, t. II, 129-136.

11. Cf. J. CHÂTILLON, Contemplation, action et prédication d´après un sermon inédit de Richard de Saint-Victor en honneur de S. Grégoire le Grand, in *Mélanges de Lubac,* t. II, 89-98.

O SOCRATISMO CRISTÃO

Abelardo, como se sabe, deu como subtítulo à sua *Ética* a antiga fórmula do oráculo de Delfos: *Gnôti seautón* (Conhece-te a ti mesmo). A referência à Antiguidade pagã manifesta que o grande tema profano do pensamento grego vem convergir com a experiência mística da interioridade cristã, vem convergir nela; tema este, aliás, que, com Sócrates, acrescenta à busca de definições universais a descoberta do mundo interior: duplo despertar da filosofia. Essa descoberta vai reencontrar, na conjuntura do século XII, sua capacidade inventiva e como que uma nova vida: socratismo cristão, segundo a expressão clássica de Étienne Gilson[1].

Numerosas referências ilustram a fortuna do oráculo de Apolo, em favor da interiorização consciente da vida do espírito. Podemos seguir sua difusão na literatura cisterciense, começando por Guilherme de Saint-Thierry, como na escola abelardiana e entre os vitorinos[2]. Alano de Lille o cita com prazer, a

---

1. E. Gilson, *L'esprit de la philosophie médiévale*, Paris, Vrin, 1932, cap. 1. Cf. também Id., *La théologie mystique de saint Bernard*, 90-94, 220-223.
2. Guilherme de Saint-Thierry, que se nutre particularmente de Santo Ambrósio, na confluência da tradição grega e da Bíblia. Ele compôs uma compilação de textos ambrosianos, tomados do *Comentário do Cântico dos Cânticos* (PL

ponto de fazer dele o tema de um de seus sermões, como os cistercienses Garnier de Rochefort e Helinando de Froidmont. Certamente os Padres da Igreja haviam conservado e divulgado sua fórmula (Guilherme de Saint-Thierry fizera uma compilação de textos de Santo Ambrósio sobre o conhecimento de si mesmo), mas a revivescência do século XII continua notável, numa experiência renovada.

Ela sustentou, além disso, duas espiritualidades díspares: enquanto em Cister é introduzida para sublinhar a fraqueza que ela revela no homem, em Abelardo ela vem confirmar a alta qualidade, em discernimento e em vigor, do consentimento do espírito ao bem, da dignidade do homem.

Assim, nesse mesmo filão vai ser copiosamente explorado o tema, clássico também, do *liber conscientiae* (livro da consciência), contraposto ao *liber naturae* (livro da natureza): a consciência está em nós como um livro cuja leitura emana de seu texto mesmo, numa adequada interioridade, assim como na interioridade nos devora de remorso o *vermis conscientiae* (verme da consciência). E aí está uma outra riqueza, diferente daquela do *liber scientiae* e também do *liber experientiae*. Comentando o *Nosce teipsum*[3], Alano de Lille desenvolve esta trilogia: *Liber scientiae scriptus est in codice; liber experientie scriptus in corpore; liber conscientiae scriptus est in corde* (O livro da ciência escrito no papel; o livro da experiência escrito no corpo; o livro da consciência escrito no coração). E a análise, conduzida com uma arte perfeita, muito refinada em seu estilo, é levada a acabamento por essa fórmula

---

15). *Fertur celebre apud Graecos Dephici Apollonis responsum: Homo, scito teipsum...* (Tornou-se célebre, entre os gregos, a máxima de Apolo Délfico: Homem, conhece-te a ti mesmo) — *De natura corporis et animae*, prol., PL 180, 695. Cf. E. GILSON, *La théologie mystique de saint Bernard*, 92. De RICARDO DE SÃO VÍTOR, cf. *Benjamin minor*, c. 78, PL 196, 56. De JOÃO DE SALISBURY, cf. *Policraticon* III, ed. de Webb, I, 175. De GARNIER DE ROCHEFORT, cf. *Sermo* 7, PL 205, 622; *Sermo* 24, ibidem, 734. De *Helinando de Froidmont*, cf. *De cognitione sui*, PL 212.

3. ALANO DE LILLE, *Sermo in die Cinerum*, in M.-Th. D'ALVERNY, *Alano de Lille. Textes inédits*, Paris, Vrin, 1965, 267. Cf. também o *Sermo de Trinitate*, ibidem, 259.

perfeita: *Qui querit se intra se fit homo spiritus* (O homem que se procura a si mesmo, dentro de si mesmo, torna-se espírito)[4].

Subjacente, encontra-se o *topos* neoplatônico da absoluta espiritualidade, sem o recurso aos sentidos. *Te ipsum inspice cogitantem. Ecce in tenebris positus, et clausisti oculos, aures obturasti, nichil fragrat naribus, nihil sapit palato, nichil tactus operatur* (Mira-te a ti mesmo, como pensante. Eis-te posto nas trevas: fechaste os olhos, tapaste os ouvidos, nada recende às tuas narinas, nada experimenta o paladar, nada faz o tato). Essa suprema exigência, assim definida por Elredo de Rievaux[5], não deixa de lembrar a famosa imagem do homem alado, suspenso no ar, que propõe Avicena, no início de seu *De anima*, para provar que a consciência de si não tem necessidade dos sentidos.

Será nessa linha que tomarão significação e valor os pequenos tratados *De conscientia*, que se multiplicarão então tanto nos meios monásticos como nas escolas urbanas[6].

Sob essa luz, a literatura pastoral daquele tempo desperta interesse, contra a banalidade de uma primeira leitura, tanto como a avaliação das práticas religiosas e a sensibilidade às condições sociais da vida. Essa educação da consciência e das consciên-

---

4. ALANO DE LILLE, *Sermo in die Cinerum*, 268, 271. Hildeberto de Lavardin (falecido em 1133) propunha essa divisão quaternária: *liber praedestinationis, liber doctrinae, vel inpirationis occultae per Christum qui est forma vitae credentibus in eum, liber scripturae corporalis scilicet, liber conscientiae* (o livro da predestinação, o livro da doutrina, ou da inspiração oculta por Cristo, que é a forma da vida dos que nele crêem, o livro da escritura, ou corporal, o livro da consciência). Cf. HILDEBERTO DE LAVARDIN, *Sermo* 2, PL 171, 349. Cf. J. LECLERQ, Aspects spirituels de la symbolique du livre au XIIe siècle, in *Mélanges de Lubac*, t. II, 63-67.

5. ELREDO DE RIEVAULX, *De anima*, ed. Talbot, London, University of London, 1952, 77.

6. Cf. Ph. DELHAYE, Dans le sillage de saint Bernard. Trois petits traités De conscientia, in *Citeaux en de Nederlanden*, Westmalle, Cisterciënzer Abdij, 1954, 92-103. Recortemos este trecho (anônimo): *Unicuique est liber conscientia sua, et ad hunc librum discutiendum et emendandum omnes alii inventi sunt* (Cada qual tem o livro de sua consciência, e foi em vista de debater e corrigir esse livro que todos os outros foram feitos). *De interiori domo*, 24, PL 184, 520. Cf. J. LECLERQ, Aspects spirituels..., 63-72.

cias é observável por muitos traços, que se podem destacar, por exemplo, nas duas obras aparentadas de Pedro, o Cantor (falecido em 1197), que intitula sua obra *De sacramentis et animae consiliis* (Os sacramentos e os conselhos da alma), e de Roberto de Courçon.

A adaptação do exame de consciência não somente à personalidade de cada um, mas aos diversos estados de vida e profissões, representa um esforço notável de interiorização, inclusive na maneira de julgar as funções da vida social, na objetividade das relações humanas transformadas pela nova sociedade comerciante. Alano de Lille, em sua *Ars predicandi* (Arte de pregar), propõe modelos diversos para os cavaleiros, os advogados, os príncipes, os juízes, as pessoas casadas, as viúvas, as virgens[7]; e Tomás de Chobham, mestre em teologia de Paris (c. 1215), em seu *Liber penitentialis*, enumera os ofícios cujo exercício apresenta ocasiões de falta: *pugillares, mercenarii, magistri, sacerdotes vel alii clerici, mercatores, judices, medici* (mensageiros, mercenários, mestres, sacerdotes ou outros clérigos, mercadores, juízes, médicos)[8]. Assim, o ensinamento da vida cristã não é mais apenas anúncio objetivo; ele se diversifica segundo os ouvintes, segundo as vocações, segundo os estados de vida, introduzindo na educação da fé a consideração do "sujeito". Essas atitudes serão o terreno concreto da reflexão cada vez mais penetrante dos teólogos que analisavam as condições teóricas do ato humano, bom ou mau.

---

7. Cf. ALANO DE LILLE, Ars predicandi, in M.-Th. D'ALVERNY, *Alano de Lille. Textes inédits*, 147.

8. Cf. P. MICHAUD-QUANTIN, A propos des premières Summae confessorum, *Recherches de théologie ancienne et médiévale*, Louvain, Abbaye du Mont-César (1958) 286. Isso vai se tornar um método corrente entre os mendicantes, como lei da transmissão da fé. Testemunho qualificado, entre os pregadores, é HUMBERTO DE ROMANS, De modo cudendi sermones circa omne hominum et negotiorum genus, in ID., *Sermones* (Bibliotheca maxima Patrum, t. XXV).

A PSICOLOGIA DOS ATOS HUMANOS

Três causas hão de colaborar para a maturação dessas grandes inspirações, dar-lhes consistência em enunciados explícitos e em análises sistemáticas. Idade da "escolástica", que será, na entrada dos tempos modernos, o primeiro esforço para manter, em sua dialética permanente, subjetividade e objetividade, dialética a tal ponto articulada que seus intérpretes mais seguros serão inclinados uns a sublinhar as regulações exteriores objetivas, outros a medir as intensidades do sujeito em sua presença a si mesmo, em suas iniciativas (consciência) e suas decisões (liberdade).

Posto que adotamos aqui uma perspectiva religiosa, observaremos a primeira dessas grandes causas no despertar evangélico: o povo cristão vai se levantar contra os conformismos sociológicos e as regulações sacrais de uma Igreja atolada no feudalismo. A comoção manifesta seu brilho pela profissão abrupta da pobreza, num desprendimento terrestre que é a condição e o motor de um consentimento à nova sociedade. Nisso se revela uma "mística" que interioriza as operações, inclusive em suas confusas turbulências. Os mitos da comunidade cristã primitiva (Atos dos Apóstolos) não são referências históricas documentais, mas reinterpretações encarnadas nas aspirações do tempo. Esses carismas serão logo instituídos nas Ordens mendicantes,

Menores, Pregadores e outros entre os quais a crítica severa dos aparelhos produzirá alguns que irão até reivindicações anárquicas, contrariados pelos tradicionalistas. Erupções que sustentarão, entre os doutores, uma teologia da liberdade evangélica, da interioridade da graça na natureza, da regra subjetiva da consciência.

Segundo fator: esse sobressalto evangélico produz-se em favor e no meio de um questionamento da sociedade feudal, com sua hierarquia imóvel e sagrada (juramento = sacramento), contestada por homens tocados pelo movimento e pelas invenções de uma economia de mercado, emancipando-se de seu juramento para engajar-se em coletividades livres, econômicas, políticas, culturais: as corporações de ofício, as comunas urbanas, as universidades — tantos lugares onde a comunidade horizontal se constitui pela iniciativa permanente das pessoas, à medida de sua tomada de consciência e de suas opções livres. "A cidade liberta", dizia um axioma do tempo. Todos os aparelhos, os da Igreja como os da Cidade, vão sofrer essa transfusão de sangue. E uma clientela se forma para uma nova moral em gestação.

Enfim, por uma coincidência imprevisível, mas homogênea em profundidade — assim ocorre em todos os renascimentos —, serão agora descobertas e ativamente exploradas, em suas fontes técnicas como em seu valor cultural, as obras do pensamento grego, tanto nas ciências da natureza como na observação da vida humana, psicológica e moral. É a filosofia de Aristóteles que submerge todos os outros aportes, em física e em metafísica de início, na primeira metade do século XIII, e logo depois no domínio da ética e da política. A segunda parte da *Suma* de Santo Tomás de Aquino, a melhor obra entre muitas, será copiosamente alimentada nessas fontes, cujo conteúdo, aliás, será transfigurado pela subversão das exigências evangélicas. Arquitetura escolástica, cuja lucidez é particularmente vigorosa em nosso domínio da vida interior. Contentemo-nos, aqui, com traçar suas linhas, num simples desenho, e atendo-nos à obra de Tomás de Aquino, bastante representativa, aliás, desse século evangélico e teologal.

A moral da intenção, o primado da consciência serão expressivamente estabelecidos na perspectiva de Abelardo, como o anunciamos, deixando de lado aquilo em que suas posições unilaterais são medidas criticamente. A análise, entretanto, vai se desenvolver, doravante, em um nível de profundidade e de tecnicidade cujos mestres serão devedores da *Ética* de Aristóteles: definição do voluntário (livro III), ato interior e ato executado, *finis operis* (fim da obra) e *finis operantis* (fim do operante), e, correntemente, as categorias fundamentais de "objeto" e "fim". As controvérsias universitárias foram difíceis, mas sua sutileza procede da urgência de opções radicais sobre a moralidade. Sem outra alusão, dizemos que Santo Tomás apresenta toda uma nova perspectiva sobre a constituição moral do ato humano, estabelecida não mais com base em sua bondade natural, mas segundo o ordenamento da vontade para o fim. Isso era inverter a posição de seus predecessores, Alberto Magno e Boaventura, mesmo se ele guarda reverenciosamente as nomenclaturas da tradição escolar: a intenção voluntária ordenada para o fim como ao seu princípio especificador, não mais o bem e o mal na natureza. *Utrum bonum et malum sint differentiae essentiales actionis* (Se o bem e o mal são diferenças essenciais da ação — *In II Sent.*, d. 40, q. 1, art. 1).

Isso, entretanto, não se dá sem aparência de subjetivismo se a finalidade intencional prevalece sobre o objeto. Na realidade, o lugar essencial reservado à finalidade faz a exigência de objetividade e de verdade impor-se até na região interior e profunda do agir humano. Razão radical da interioridade, pela finalidade última, a beatitude na comunhão com Deus. Da resposta pessoal de cada homem a essa questão do fim último depende o valor moral de todas as ações particulares; ora, essa resposta se elabora numa escolha que é justamente o ato mais interior, o mais pessoal, o mais "subjetivo" que existe. Nessa concepção, o agir humano se apresenta "não como um alinhamento de operações isoladas, mas como as partes integrantes de um organismo espiritual dirigido por uma hierarquia de fins, dominado pela intenção de um fim supremo. Nessa visão, o ato humano aparece, graças ao conjunto de seus componentes, como profundamente dinâmico e criador de progresso espiritual"[1].

Sob esse aparelho um pouco exigente, é necessário reconhecer em atividade o fermento cristão do primado do amor, para além de toda norma objetiva e prescritiva; a afirmação evangélica do valor supremo do querer essencial suscitado pela caridade.

Objetividade-subjetividade: o dinamismo irredutível do querer pessoal não tira o homem — em função de sua perfeição — de sua situação na Natureza, na ordem e na finalidade geral da criação cósmica. Por mais específica que ela seja, em sua inteligência e em sua liberdade, em sua consciência, a natureza humana inscreve suas leis, seus processos, seus progressos, sua perfeição, sua felicidade na ordem da Natureza, mas não à maneira de um epifenômeno no espaço de um mundo heterogêneo. Sua vida moral, diremos nós, deverá ser, no que ela tem de mais importante, numa consciência ativa do homem mesmo e de seu papel, em cada um dos bens de sua experiência, num amor do Bem supremo que não a desvie da subordinação ao universo, a mais alta expressão da lei da natureza. A "moralidade" faz parte da ordem "física" do cosmo. A "vida interior", começando pela consciência de si, não se desenvolve por evasão das coisas; a liberdade não se refugia nas margens dos determinismos exteriores ou psicológicos; a pessoa não teme as ligações objetivantes da sociedade.

Mas, assim como no conhecimento não se deve nunca exagerar o caráter objetivo da *intentio* em detrimento do papel do sujeito, assim também na consciência não se deve nunca sub-

---

[1]. Resumimos aqui o estudo de S. PINCKAERS, Le rôle de la fin dans l'action morale selon saint Thomas, *Revue des sciences philosophiques et théologiques*, Paris, Vrin, n. 45 (1961) 393-421, retomado in ID., *Le renouveau de la morale*, Paris/Tournai, Téqui, 1964, 114-143. Para a história das controvérsias que compõem o contexto dessa posição, cf. a abundante documentação fornecida por O. LOTTIN, L'intention morale de Pierre Abélard à saint Thomas d'Aquin, in *Psychologie et morale aux XII et XIII siècles*, Louvain/Gembloux, 1954, t. IV, 309-486; La place du "finis operantis" dans la pensée de saint Thomas, 489-517; Le problème de la moralité intrinsèque d'Abélard à saint Thomas, t. II, 421-465.

meter suas exigências às condições tão-somente dos objetos, bons ou maus. Santo Tomás tem em alta conta a necessidade de salvaguardar a espontaneidade do sujeito[2].

A mesma análise técnica e sistemática foi feita pelos mesmos mestres do século XIII sobre a razão, as estruturas e as leis da *consciência*, e já sobre a densidade complexa do termo, tanto como realidade psicológica como enquanto norma da moralidade. Os tratados da consciência serão aqui reforçados pelo estudo da noção anexa de *synderesis*, vinda dos filósofos latinos, por meio de Jerônimo, e traduzida então pela expressão *scintilla conscientiae*, "brilho da consciência" (a primeira utilização do termo encontra-se num comentário das *Sentenças* de Pedro Lombardo, de cerca de 1160-1165, mas a elaboração não se fará senão no século XIII)[3].

---

2. Cf. A. HAYEN, *L'intentionnel selon saint Thomas*, Bruges, Desclée, 1942, 208.

3. Cf. O. LOTTIN, Syndérèse et conscience aux XIIe et XIIIe siècles, in *Psychologie et morale aux XIIe et XIIIe siècles*, t. II, 103-350. Sobre a posição do mesmo problema no tempo de Santo Tomás, ver T. DEMAN, Renseignements techniques: Prudence et conscience, in Santo TOMÁS DE AQUINO, *Somme théologique — La Prudence*, ed. Revue des Jeunes, 1949, 478-523. Enquanto a moral da intenção é nutrida pela filosofia grega, a análise da consciência e da sindérese releva da inspiração e da experiência cristã, o que é muito significativo. [O texto de Jerônimo mencionado por Chenu é o *Comentário a Ezequiel* (PL 25, 22). Nele, Jerônimo equipara a sindérese às três faculdades da razão, do apetite irascível e do apetite concupiscível. Como um "espírito que ora em nós", ela seria uma faculdade aparentemente cognitiva, mas, se ela nos faz perceber nossas faltas, também pode ser vista como algo de ordem afetiva. A partir da introdução desse texto de Jerônimo na literatura teológica, os medievais herdam a mesma questão e a debatem contra o pano de fundo do pecado original: quais remédios foram fornecidos para o pecado original? A lei de Moisés e a do Evangelho foram oferecidas somente depois de um tempo em que a única lei era a lei natural, pois o seu cumprimento era suficiente para reparar a desordem moral causada pelo pecado. Porém, logo a luz da lei natural foi ofuscada pelos pecados e a lei mosaica tornou-se necessária para fazer reviver a lei natural no coração do homem. Pedro Lombardo foi o primeiro a utilizar o texto de Jerônimo, embora negligencie o emprego do termo *synderesis*, afirmando que o homem foi criado num estado de retidão moral e conserva, apesar de suas faltas, sua tendência inata para o bem: o "brilho superior da razão", *superior scintilla rationis*, o inclina para o bem e o faz detestar o mal. (N.T.).]

Para dar razão da interioridade e da intensidade da consciência, recorreu-se às categorias gerais de *habitus*, de inatismo, de razão prática, de primeiros princípios. Quanto à consciência moral, todos estão de acordo sobre o princípio de que ela obriga, mas, a partir do momento que intervém a referência à lei exterior objetiva, as soluções divergem, sobretudo para a consciência errônea. A escola franciscana considera que essa consciência não deve ser seguida, porque prevalece o respeito devido à lei divina, manifestada pela ordem essencial das coisas. Santo Tomás, como vimos, sustenta o contrário: o bem, termo de minha vontade, não é o bem *em si*, mas o bem *enquanto apresentado por minha razão*, isto é, pelo juízo[4] de minha consciência. Tal é a dignidade do sujeito, pessoa e liberdade. Isso que, acertadamente ou não, a consciência sinceramente (porque se trata, é evidente, de uma coisa inteiramente diferente de uma "boa consciência" fácil) julga bom e obrigatório comporta, por esse juízo mesmo, uma vontade. Se, portanto, a vontade descarta, ainda que por respeito ao legislador, isso que a consciência julga um bem obrigatório, tem-se, aí, uma fuga do bem, e, portanto, um mal moral. Eu peco, portanto, agindo sempre contra minha consciência. Segui-la contra a lei não é um mal menor, mas subjetivamente um bem[5].

Essa interioridade e esse absoluto, essa imanência inviolável são excelentemente ilustrados pela doutrina de Santo Tomás sobre o primeiríssimo despertar da consciência moral na criança, mas também em todo ato livre primeiro, quer dizer, "um ato cuja profundidade desce até as fontes de minha vida moral, onde o eu se toma a si mesmo nas mãos para se projetar num feixe de

---

4. No orig. *jugement*. (N.T.)
5. Textos clássicos: *De veritate*, q. 17 (*De conscientia*); *Quodlibetales* III, arts. 26 e 27 (e *Quodl.* I, art. 19; VIII, arts. 13 e 15); *Summa theologiae* IIaIIae, q. 19, arts. 5 e 6. Cf. O. LOTTIN, La valeur obligatoire de la conscience, in *Psychologie et morale aux XIIᵉ et XIIIᵉ siècles*, t. II, 354-417. O *De veritate* provocou a oposição sugestiva do franciscano Gualter de Bruges; cf. ibid., 399-403. Sobre certas fórmulas lacônicas de Santo Tomás, cf. 398, nota.

atos ulteriores cujo prosseguimento poderá ser indefinido. Um tal ato pode ter sido precedido de muitos outros; moralmente, ele é um começo absoluto"[6]. Em seu valor intencional, a operação comporta opções obscuras e rudimentares, mas decisivas: opções referentes à distinção do bem e do mal, ao indeclinável imperativo da ordem nela inscrita, à referência implícita a um Bem supremo que é Deus. Trama fundamental e primordial, anterior ao despontar da consciência, sem retorno do espírito sobre si mesmo, e, portanto, também inexprimível. Mas tal desfecho não deve dissimular a intensidade secreta dessas intuições, nem a presença dessas intencionalidades: mistério da natureza humana, no qual o teólogo discerne uma capacidade, e já uma presença, da graça de Cristo. É até lá, até esse ato de nascimento, que se deve ir medir a "voz" da consciência, sua inviolável dignidade, sua dialética imanente. Periodicamente, à emergência de novas civilizações e em favor de suas descobertas do homem, certas gerações parecem ter experimentado esse despertar, que em seguida os mestres do pensamento conceptualizarão[7].

Uma vez que ela se exerce e se cultiva em nossas condutas psicológicas e morais, a consciência se manifesta no campo de todas as virtudes, mas se manifesta expressamente nas articulações da suprema virtude moral: a *prudência*, que comanda todas as outras. Consciência, prudência: a conexão desses dois conceitos é significativa a partir do momento em que a palavra "prudência" é empregada no sentido forte — hoje desvalorizado — que lhe deram os mestres filósofos e teólogos precisamente no curso

---

6. J. Maritain, La dialectique immanente du premier acte de liberté, in *Raison et raisons*, Paris, Egloff, 1947, 131-165.

7. Visto que mencionamos a florescência dos vocabulários em Cister e entre os vitorinos, façamos aqui referência ao vocabulário da interioridade em Santo Tomás (e certamente também em São Boaventura). Sem conservar os pesos da lexicografia, R. Busa analisa minuciosamente termos como "presença", "presença da causa ao efeito", "presença de Deus", "relação", "interioridade", na língua de Santo Tomás: R. Busa, *La terminologia tomistica dell'interiorità*. Saggi di método per un'interpretazione della metafísica della presenza. Milano, 1949.

da evolução doutrinal que aqui evocamos. A prudência é a virtude pela qual emitimos, em vista da ação, um juízo[8] prático, no discernimento e no fornecimento dos elementos afetivos e intelectuais relativos à nossa conduta concreta. Juízo de eleição, fundado na verdade e na bondade da ação, que relevará da prescrição da consciência, assim introduzida no juízo concreto do ato humano. É possível, malgrado essa coincidência, que o homem consciencioso não seja um homem prudente.

Em verdade, a voz da consciência e a virtude da prudência estão estreitamente coordenadas, a ponto de o acento posto sobre um ou outro desses recursos introduzir duas concepções diferentes da moral: os modernos, casuístas cristãos ou filósofos racionalistas, exaltam a consciência; a teologia de Santo Tomás situa a educação da consciência no exercício da prudência. Entre a ordem objetiva universal e a subjetividade, a prudência equilibra o lugar do conhecimento particular do bem: princípios gerais da inteligência prática e disposições do apetite se conjugam nela[9].

O que temos de enfatizar para o nosso propósito, aqui, é o supremo valor de uma virtude que tem por função específica encarnar na ação singular *hic et nunc* (aqui e agora) os princípios da lei eterna: conjunção da "sabedoria" e da invenção sempre nova, conjunção da objetividade com a mais interior subjetividade. Na escultura de audácia espantosa, no túmulo do último duque da Bretanha, em Nantes, Michel Colombe (em 1502-1507) representou a Prudência, segundo a tradição iconográfica da idade média, como uma personagem com dois rostos: um é o rosto de um homem de idade madura, compenetrado de reflexão; o outro é o rosto de uma jovem mulher, aberta às audácias. Perfeita imagem de uma virtude que inscreve o eterno no tem-

---

8. No orig. *jugement*. (N.T.)
9. Cf. T. Deman, Renseignements techniques: Coordination de la prudence et de la conscience, in Santo Tomás de Aquino, *Somme théologique — La Prudence*, 496-506; cf. também La conscience en regime de prudence, 507-514; Nécessité d'une restauration de la vertu de la prudence, 514-523.

po, lá onde as conjunturas impõem, no mais secreto das decisões, uma invenção permanente. Sem dúvida, no pensamento medieval, esta é a mais bela peça de sua análise do ato humano.

Na esteira dessa elevada concepção podemos ver, entre outros efeitos, como é encarado o papel das "circunstâncias" na moralidade dos atos humanos e sua apreciação no juízo de prudência. Circulava nas escolas uma fórmula mnemônica que, sob sua banalidade, recolhia preciosas observações:

> Quia, quid, ubi, quibus auxiliis,
> Cur, quomodo, quando[10].

Essa fórmula remonta aos cristãos latinos, que enumeravam as sete circunstâncias da *hypothesis* do retórico, passou por Agostinho e Boécio, para chegar ao século XIII, no momento em que o Concílio de Latrão (1215), renovando o aparelho da penitência (cf. o que se disse acima a respeito), prescrevia que se considerassem as *peccatoris et peccati circumstantias* (circunstâncias do pecador e do pecado — cânon 21). Em profundidade, era o procedimento para pôr em ação as exigências da prudência que quer conjugar as normas gerais e as realidades concretas. Uma vez mais, isso era interiorizar, subjetivando-os, os preceitos objetivos da lei. À medida que se afirma a consciência, à medida que, de outra parte, pelo progresso da vida social, pela promoção das pessoas, as situações se tornam mais complexas, mais obscuras (situações geofísicas, psicossomáticas, culturais, sociais, históricas), o juízo de consciência e a responsabilidade pessoal requerem uma criatividade muito maior. A norma abstrata "Não matarás" guarda seu valor como expressão abstrata da dignidade humana, no seio das relações interpessoais, mas essa norma não ensina nada a respeito de situações complexas. Ela não prova a decisão concreta da consciência. A personalidade moral ganha aí em profundidade e em riqueza. Sem cair na chamada moral

---

10. Porque (causal), o quê, onde, com quais auxílios, por que (interrogativo), como, quando.

de situação, interiorizam-se no sujeito os elementos da ação que, numa casuística exterior, não teriam passado de fatores agravantes ou absolventes.

Não seria o caso de a técnica e a qualidade dessa análise racional dissimularem a fonte viva e a inspiração de uma semelhante investigação: trata-se de uma exigência evangélica, segundo a qual os preceitos da Lei estão a serviço da liberdade do Espírito, são dispositivos para sua inteligência e seu acabamento. A tese abelardiana da intenção, enunciada no primado do amor para decidir da qualidade de nossos atos, como vimos, reencontra a dialética paulina da "nova lei", inscrita no coração e não mais em tábuas de pedra: a graça do Espírito, na fé em Cristo (cf. a Carta aos Romanos de Paulo e o *De spiritu et littera* de Agostinho). Em sua Contra-Reforma, a teologia moderna desvitalizou esse fermento evangélico; ele era expressa e comumente professado na idade média, tanto entre os canonistas como entre os teólogos. *Dignior est lex privata (= quae instinctu Spiritus Sancti in corde scribitur) quam publica (= lex canonum)*[11]. É o axioma atribuído a Urbano II por Graciano (C. 19, q. 2, c. 2 — Friedberg I, 839-840)[12]. Entre os teólogos, basta citar o artigo da *Suma* (I^a II^{ae}, q. 106) sobre a nova lei, na qual toda obrigação é transubstanciada pela caridade. É aí, em última instância, que se fundam os direitos da consciência, a dignidade da pessoa humana.

---

11. A lei privada (= que se inscreve no coração por impulso do Espírito Santo) é mais digna do que a lei pública (= a lei dos cânones).

12. I. T. Eschmann, Bonum commune melius est quam bonum unius. Eine Studie über den Wertvorrung des Personalem bei Thomas von Aquin, *Mediaeval Studies*, Toronto, Institute of Mediaeval Studies, VI (1944) 62-120. Nesse artigo se estuda (100-115) o uso feito por Santo Tomás do cânon de Graciano. Cf. Y. Congar, *Vraie et fausse Reforme*, Paris, Du Cerf, 1950, 534-535, 625.

O ASSENTIMENTO DA FÉ

Se há um domínio no qual a consciência tem seus direitos, não somente numa "liberdade de consciência" jurídica, mas no mais íntimo do coração, este é, sem dúvida, o domínio teologal da fé, ato de comunhão com a Palavra de Deus, na liberdade do amor, na liberdade do Espírito. Numa humanidade cristã em que a consciência se afirma num novo despertar, em favor dos contextos exteriores e interiores, a teologia da fé tende a observar e a situar o papel do *sujeito* em sua crença. Não nos surpreendemos, portanto, que Abelardo seja, uma vez mais, um bom testemunho para essa observação e essa análise.

Est quippe fides existimatio *rerum non apparentium, hoc est sensibus corporis non subjacentium* (A fé é, pois, a consideração de coisas não visíveis, isto é, de coisas não confrontáveis aos sentidos do corpo). Assim Abelardo, no início de sua *Introductio ad theologiam*, glosa a definição escriturística da fé tal como se encontra em Hebreus 11,1: *Fides est* argumentum *non apparentium* (A fé é a certeza daquilo que não se vê). Sabe-se que oposição viva essa definição da fé por uma *existimatio* provoca. Guilherme de Saint-Thierry acusou Abelardo de subjetivismo, porque a *existimatio* implica a possibilidade da dúvida: trata-se, segundo o ceticismo dos Acadêmicos, de uma "opinião" passível de discussão, de disputa, à qual efetivamente Abelardo se entregava. Para o cisterciense, a fé se caracteriza pela certeza absoluta, uma certeza que emana de seu *objeto*, como plena ciência e alegre consciência[1].

Reconhece-se aí uma oposição de espírito que, em todo tempo, determinou duas famílias de espíritos entre os crentes. Mais do que esse diagnóstico geral é, porém, a posição real de Abelardo que está em causa. Os historiadores, hoje, estão de acordo para desculpá-lo de subjetivismo. Antes mesmo de recorrer ao conjunto de sua teologia, o vocabulário, por si só, já determina, com o mais sólido argumento contra a tradução pejorativa de Guilherme de Saint-Thierry, a exata operação pela qual Abelardo define a qualidade subjetiva da fé. *Existimatio*: o termo releva do vocabulário clássico da prática das disciplinas do *trivium*. Segundo os métodos da retórica, que faz da crença o efeito de um argumento (a palavra de Hebreus 11), crer é ter uma certa atitude de espírito, atitude do *auditor* (ouvinte), um dos dois atores da disputa dialética, com respeito às proposições que se submetem ao seu acordo (*Dialectica*, 272). A fé está ligada à persuasão, e, portanto, à *probatio* (prova): não que a fé seja provada; ao contrário, ela é que prova que há coisas que não aparecem. A *existimatio* da fé implica uma tomada de posição em face da rea-

---

1. GUILHERME DE SAINT-THIERRY, *Disputatio adversus Petrum Abaelardum* 1. PL 180, 249: *Fides [...], ait B. Augustinus, non conjectando vel opinando habetur in corde in quo est, ab eo cujus est, sed certa scientia acclamante conscientia. Absit enim ut hos fines habeat christiana fides, aestimationes scilicet, sive opiniones Academicorum sive aestimationes, ista quorum sententia est nihil credere, nihil scire, sed omnia aestimare* (A fé, diz o bem-aventurado Agostinho, não se dá por conjectura ou opinião no coração em que ela se encontra e a partir dele, mas por uma ciência certa, com a aclamação da consciência. Não ocorre, pois, que a fé cristã tenha esses limites, quer dizer, esses exames ou as opiniões ou exames dos Acadêmicos, cuja sentença é nada crer, nada saber, mas examinar tudo). Daí vem a *disputatio*, a submissão à dúvida, na qual se comprazia Abelardo, *de omnibus amat putare qui de omnibus vult disputare* (ama pensar sobre tudo, [ele] que quer disputar sobre tudo). Acusação idêntica em São BERNARDO, *Tractatus contra quaedam capitula errorum Petri Abaelardi* III, 9, PL 182, 1061-1062.

lidade[2]. É pela atitude mental do sujeito crente que Abelardo define a fé, inclusive em vista do questionamento que comporta sua "inteligência", uma vez que o espírito deu seu consentimento e a título mesmo de seu consentimento.

Os ataques dos cistercienses contra Abelardo e seu "objetivismo" dogmático não devem mascarar a copiosa inteligência que eles mesmos constataram e descreveram por e em sua experiência (subjetiva) da fé. A palavra mesma, corrente em sua pena, *experientia, experiri*, traduz claramente o papel do sujeito, de sua afetividade, de suas emoções, de seus estados pessoais, no conhecimento da fé: *Hodie legimus in libro experientiae [...] hunc proprium experimentum [...] Audi expertum* (Hoje lemos no livro da experiência [...] esse próprio experimento [...] ouve quem experimentou), diz São Bernardo[3]. E de Guilherme de Saint-Thierry se conhecem as fervorosas descrições da interferência dos processos afetivos e dos processos cognitivos no conhecimento transformante[4].

Quanto aos mestres escolásticos do século XIII, toda sua teologia da fé, sem prejuízo de sua objetividade, encontra seu eixo na análise psicológica do espírito, quer se trate do assenti-

---

2. Resumimos aqui o texto de J. JOLIVET, Sur quelques critiques de la théologie d'Abélard, *Archives d'histoire doctrinale et littéraire du moyen âge*, Paris (1963) 25-27, 49.

3. São BERNARDO, *In Cant. Cant.*, sermo 3, 1. PL 183, 794.

4. GUILHERME DE SAINT-THIERRY, In Cant. Cant. 1, PL 184, 506: *In visione Dei, ubi solus amor operatur, nullo alio sensu cooperante, incomparabiliter dignius ac subtilius omni sensuum imaginatione, idem agit paritas amoris ac divinus affectus, suavius afficiens, fortiusque attrahens, et dulcius continens sentientem, totumque et mente et actu in Deum transfundens fideliter amantem, et confortans et conformans, et vivificans ad fruendum* (Na visão de Deus, em que, sem a cooperação de nenhum outro sentido, o amor opera sozinho, incomparavelmente mais digno e mais sutil do que toda a imaginação dos sentidos, age igualmente o análogo do amor e do afeto divino, que toca mais suavemente, porém que atrai mais fortemente, enlevando mais docemente aquele que o sente, transportando fielmente o amante inteiro para Deus, tanto em mente como em ato, confortando e conformando, e vivificando para fruir).

mento inicial ou da formulação dogmática, da inteligência científica, da alta percepção mística. É cada um dos capítulos de suas sumas que seria necessário ler, um por um: todos os traços desse conhecimento divino são radicalmente condicionados pelas estruturas do espírito, inteligência e querer, e também sensibilidade e imaginação, liberdade em definitivo nesse espírito em que ela se encarna. Perfeita interioridade, diante da qual certas teologias recentes estarão em atraso, inclusive no vocabulário.

Santo Tomás de Aquino funda suas análises no princípio geral da subjetividade de todo conhecimento, princípio ao qual o conhecimento de Deus não pode escapar. *Cognita sunt in cognoscente secundum modum cognoscentis* (O que se conhece está no cognoscente segundo o modo do cognoscente — *Summa theologiae* IIaIIae, q. 1, a. 2). A apreensão do crente terá, pois, desse ponto de vista, o mesmo contorno psicológico, as mesmas modalidades, os mesmos desenvolvimentos, as mesmas fraquezas — à parte a possibilidade de errar — que todo juízo[5] humano; a luz da fé não modificará nosso mecanismo conceitual, nossos procedimentos de elaboração, de penetração; e a fórmula dogmática, vindo precisar a expressão do dado revelado, será como todo enunciado humano, laboriosamente obtida por múltiplas "composições e divisões", por análises incessantemente retomadas, por longas e pacientes aproximações. Assim, nesses traços humanos, a fé, solidária da humanidade na qual ela se exprime, submete-se aos despertares do espírito, aos sobressaltos das consciências, às conversões pessoais, às diversidades irredutíveis das culturas, aos ritmos das civilizações.

---

5. No orig. *jugement*. (N.T.)

ta-se de um amor cuja paixão não se amortece na satisfação sexual. Aqui, o amor é a obra da *pessoa*, das pessoas em sua troca concreta, em sua presença, ou mais ainda em sua ausência — e não obra da *natureza*, a genitora entregue ao casamento carnal, operação da espécie, incompatível em definitivo com o puro amor.

Maria da Champanha, presidindo um tribunal de amor de sessenta senhoras, declara, em 1174, que entre marido e mulher o verdadeiro amor não é possível. De fato, os casamentos se faziam, então, não entre dois apaixonados, mas visando a reunião de dois feudos. Ousaria dizer que era por uma justa compensação que a mulher encontrava sua natureza e sua força entregando seu coração, se não seu corpo, ao eleito que lhe jurava fidelidade.

Foi na geração seguinte, com o acesso da classe burguesa à consciência de suas necessidades, com um realismo ridicularizante e quase cínico, que prevaleceu a investida sexual sobre os refinamentos sentimentais e o culto da mulher. Disjunção dos fins do casamento, diriam os teólogos, em sua língua agostiniana, que constrangerá até o Vaticano II. Jean de Meung, mestre em artes na rua Saint-Jacques, nutrido do naturalismo aristotélico, será o testemunho do espírito novo[5]. A Senhora Natureza, em Alano de Lille, já havia ensinado que ela destinara Vênus ao serviço da propagação material dos seres vivos, *terrestrium animalium materiandae propagini Venerem destinavi, ut varias materias in rebus materiandis excudendo substerneret* (destinei Vênus para fabricar as espécies da raça dos animais terrestres, a fim de que, por sua produção, subsistissem diferentes matérias nas coisas)[6]. A *Ars amandi* de André, o Capelão, breviário indefinidamente relido durante um século, e seus numerosos imitadores misturam, em doses variadas, as duas concepções, a cortesã e a cínica, não mais,

---

5. Cf. G. Paré, *Le Roman de la Rose et la scolastique courtoise*, Paris/Ottawa, Vrin, 1941.
6. Alano de Lille, *De planctu Naturae*, PL 210, 456.

Meung, quarenta anos mais tarde, reproduzirá esse *Romance* com uma contracepção cínica das ilusões da moral cortesã, e, nutrido de Aristóteles, analisará a física sexual da fecundidade.

Curiosos de reconhecer a interiorização no desenvolvimento às vezes homogêneo e variado das sensibilidades, nós a vemos atuar lá onde as espontaneidades do amor, tornadas conscientes num retorno sobre si, transformam-se numa *ars amatoria* (arte de amar). Deixamos, pois, de lado, malgrado sua graça extrema, o filão dos "romances idílicos", como os nomeia Lot-Borodine[3], para nos apegarmos às obras da ciência cortesã. Nestas, as potências do amor submetem-se a uma dialética em que os símbolos são instrumentos da lógica, numa dupla sutileza do amor. É já a "preciosidade", com uma força dramática maior.

É então que se faz o recurso à antiga *Ars amandi* (Arte de amar) de Ovídio, indefinidamente copiada e relida, e tomada como fonte produtora para imitações. A inspiração genuína é criadora dessas novas consciências do homem. É para se alimentar de imagens e de ritos que ela empresta temas antigos, fazendo-os passar de tratado de galanteria ao uso de profusões numa ascese rumo ao amor puro da Senhora.

Eis aqui a grande novidade, e o ponto em que nossa presente investigação se fixa com prazer, ainda que diante de ambigüidades bem estremecedoras. O amor puro[4], quer dizer: tra-

---

3. Cf. M. LOT-BORODINE, *Le roman idyllique au moyen âge*, Paris, A. Picard, 1913.

4. *Amor puro*: os teóricos do amor, no século XIII, como Guiraut de Calanson (1200-1220) ou Guilhem de Montanhagol (1233-1258), conceitualizaram e classificaram as experiências do amor cortês numa divisão ternária: amor *celeste*, amor *natural* (dos pais pelos filhos) e amor *carnal*. O amor celeste, também chamado amor *platônico*, "é de uma tal nobreza que sobre o céu ele eleva seu reinado": amor *puro*. André, o Capelão, vulgarizará estas categorias: *amor purus, amor mixtus, amor per pecuniam acquisitus* (amor puro, amor misto, amor adquirido por dinheiro). Em sua pureza ideal, o amor é um princípio natural de virtude, diz Guilhem de Montanhagol, ele é castidade. Cf. *Les troubadours*. V. II: *Le Trésor poétique de l'Occitanie*, texto e trad. R. Nelli, R. Lavaud, Paris, Desclée de Brouwer, 1966 (648-650, entre outras). Sobre uma reprovação abusiva dessa divisão tripartite e das análises de São Bernardo, cf. E. GILSON, *La théorie mystique de saint Bernard*, 200-201; 211-215.

soa, da liberdade. Penso em particular nas experiências e nas análises desse tempo sobre a amizade, que, sob a referência a Cícero, serão integradas à teologia do amor divino[2].

Por mais que seja incongruente, do ponto de vista literário, psicológico e religioso, aproximar o amor místico de São Bernardo ao amor cortês, tanto mais se pode reconhecer que o clima dessas duas experiências é sociologicamente homogêneo, sob inspirações e sobre objetos diferentes. Aqui, gostaria de levar em consideração novas sensibilidades ao amor — e análises filosófico-teológicas que essas sensibilidades alimentarão —, as experiências e as expressões do amor cortês.

Com a evolução do feudalismo e de sua cavalaria de guerra, nas cortes principescas onde se nutrem doravante menestréis e poetas, e onde se realizam brilhantes assembléias, as canções de gesta e seu heroísmo épico possibilitam os refinamentos psicológicos da "cortesia". Os temas amorosos alimentam de intrigas sentimentais e de aventuras maravilhosas uma nova geração. É a idade dos trovadores. Detectam-se dificilmente suas diversas fontes de inspiração; mas seu crédito rápido e contagioso, de sul a norte, numa significativa geografia da cultura, manifesta o elã espontâneo das sensibilidades e das imaginações tanto entre seus prestigiosos protagonistas como em sua clientela, de Guilherme de Aquitânia a Eleonora de Poitiers e Maria da Champanha, entre os capetos, os plantagenetas e outros senhores.

Conhece-se a sua evolução, tanto nas formas literárias e nas acomodações do vocabulário como nos comportamentos mentais. O romance, sob formas diversas, suplantará a poesia, com Crétien de Troyes (*Yvain*, c. 1172-1175) e os romances idílicos (*Aucassin et Nicolette*, início do século XIII), e introduzirá logo o realismo burguês, no encontro com uma análise aristocrática inclinada para o maravilhoso. O *Romance da Rosa*, de Guilherme de Lorris (c. 1236) explorará esse veio num simbolismo moralizante, até que Jean de

---

2. Sabe-se que Elredo de Rievaulx transferiu ao amor divino o tratado de Cícero, *De spirituali amicitia* (cf. PL 195, 659-702). E Santo Tomás se servirá da análise ciceroniana da amizade para definir a caridade.

O AMOR CORTÊS

Não será sem prazer que evocarei, mesmo que sumariamente, uma última zona psicológica e espiritual do despertar da consciência e da experiência capital da interioridade: queria situar, no conjunto cultural do século XII, a riqueza inteiramente nova do amor cortês[1].

Importa, entretanto, para o nosso propósito, não o especializar em seu comportamento próprio. Sua manifestação, grande evento da história social e cultural do Ocidente medieval, não pode ser separada da consciência geral dos valores do amor, que é evidentemente, por excelência, o lugar da interioridade, da pes-

---

1. Permitir-me-ei situar meu propósito na reivindicação que P. Duployé apresentou recentemente, em sua tese sobre a religião de Péguy: P. Duployé, *La religion de Péguy*, Paris, Klincksieck, 1965. No início de sua obra, numa introdução que é um manifesto de método, ele mostra o fracasso de uma teologia que ignora o "imaginário", aquele das letras, das artes, de toda uma civilização, e se apega à sua abstração conceitual, não raro estranha aos gêneros literários da Bíblia, sua fonte viva, entretanto. Aqui, o amor e a poesia, na literatura cortês, não deixam de ser um material humano para um belo capítulo da teologia. Os teólogos não prestarão atenção nele senão para registrar, nas duzentas e tantas proposições condenadas nos sílabos de 1277, a vizinhança de André, o Capelão, com sua *Ars amandi* (A arte de amar), e o naturalismo aristotélico, inclusive o de Tomás de Aquino.

agora, para as cortes principescas, mas para os freqüentadores de Saint-Germain-des-Prés e do átrio de Notre-Dame[7].

Mas a "cortesia" tinha, então, recriado o amor, dissociando a posse e o desejo, despojando o desejo de sua agressividade e se apresentando como uma homenagem à beleza e à virtude. A dialética dos símbolos chegava a exprimir "o inextricável labirinto", como diz ainda a Senhora Natureza de Alano de Lille[8], e a determinar os jogos desse longo aprendizado, cuja ascese preparava um desabrochar místico, "a mística do amor profano", como diz Lot-Borodine[9]. É o mesmo que ocorre com a madeira verde, que faz muita fumaça ao se queimar, mas que a chama termina por consumir inteira, segundo a imagem de Hugo de São Vítor. Perfeito exercício de interiorização, inclusive na posse de si. "De

---

7. ANDRÉ, O CAPELÃO, *Andreae Capellani regis Francorum De amore libri tres*. Text llati amb la traducció catalana del segle XIV, introd. e notas A. Pagès, Castellö de la Plana, Sociedad Castellonense de Cultura, 1930. Sobre o problema e os problemas dessa obra, citamos somente F. SCHLÖSSER, *Andreas Capellanus. Seine Minnelehre und das christliche Weltbild des 12. Jahrh*, 2. Aufl., Bonn, H. Bouvier, 1962. Sobre a dupla tradição do amor cortês, ver R. STONE, *Les arts d'aimer dans la littérature française au XIIIe siècle*, Paris, 1956.

8. ALANO DE LILLE, *De planctu Naturae*, PL 210, 455. Alain é um bom testemunho dessa "escolástica" amorosa, e ele descreve os aspectos antitéticos do amor numa de suas grandes estrofes (ibid.):

Pax odio, fraudique fides, spes juncta timori,
Est amor, et mistus cum ratione furor,
Naufragium dulce, pondus leve, grata Charybdis,
Incolumis languor, et satiata fames.
Esuries sitiens, sitis ebria, falsa voluptas,
Tristities laeta, gaudia plena malis
Dulce malum, mala dulcedo...
(Paz juntamente com ódio, confiança com engano, esperança com temor,
Tudo isso é o amor, um misto de razão e furor,
Doce naufrágio, leve peso, agradável abismo,
Incólume fraqueza, e fome saciada.
Apetite sedento, sede ébria, falsa volúpia,
Tristeza alegre, alegrias repletas de males,
Doce mal, má doçura...)
O *Romance da Rose* retomará quase literalmente esse trecho, v. 4910.

9. Cf. M. LOT-BORODINE, *De l'amour profane à l'amour sacré*, Paris, Nizet, 1961.

cortesia pode se orgulhar aquele que bem sabe ser comedido", diz Marcabru[10].

Inumeráveis descobertas, segundo E. Gilson, apresentam as análises de Madame Lot-Borodine: "Aquelas foram invenções de uma estatura incalculável na história da civilização ocidental, e suas conseqüências afetam ainda hoje nossos modos de pensar, de sentir e de agir, a tal ponto que um retrato do passado que as negligencie se arrisca a perder a substância mesma do homem de outrora"[11].

Uma vez mais, Abelardo será nosso arauto não somente pela experiência dramática de seus amores, mas porque, como um trovador, ele compôs para Heloísa poemas de amor, cantados um pouco por todo lado nos anos 1130. Esses poemas se perderam, é uma pena. Consolemo-nos lendo o elogio que deles fez a sua amada: "Tens, entre outros, dois talentos para seduzir o coração de todas as mulheres: o talento dos poetas e o talento do cantor. Que eu saiba, nenhum filósofo os possuiu no mesmo grau. É graças a esses dons que, para te distraíres de teus trabalhos filosóficos, compuseste tantos versos e cantos de amor, os quais, repetidos em todos os lugares, por causa da graça sem igual da poesia e da música, puseram incessantemente teu nome sobre os lábios de todo mundo; a doçura da melodia já impedia os ignorantes de os esquecer. Era isso, sobretudo, que fazia suspirar por ti o coração das mulheres. E esses dons, que celebravam em bem grande parte nossos amores, não tardaram a espalhar meu nome em muitos lugares, e a tornar ainda mais viva a inveja das mulheres"[12].

---

10. Marcabru, "pão perdido", foi um trovador do século XII que, da corte de Poitiers, passou à da França e, depois, à de Castilha. De 1130 a 1140, formulou, numa linguagem sábia, o mal-estar de um pessimista diante da imoralidade de seus contemporâneos. Sua violência e sua obscuridade transparecem a marca de uma crise de adaptação entre o indivíduo (ele parecia ser de condição modesta) e a alta sociedade. (N.T.)

11. M. Lot-Borodine, *De l'amour profane à l'amour sacré*, VIII.

12. Primeira carta de Heloísa a Abelardo, traduzida por R. Pernoud em R. Pernoud, *Heloïse et Abélard*, Paris, C.A.L., 1968, 297. Cf. PL 178, 185-186.

CONCLUSÃO

Ao termo dessa evocação, seria necessário, segundo nosso método multidisciplinar, retomar "esse vasto encadeamento" (A. Comte) no qual teríamos a inteligência de cada um dos elementos na evolução econômico-cultural. É manifesto que a organização das corporações como comunidades de trabalho, a emancipação das Comunas, o desenvolvimento das universidades foram os efeitos homogêneos de uma extraordinária tomada de consciência que transformou as relações humanas, em benefício da promoção das pessoas, em sua responsabilidade e sua liberdade, em sua interioridade.

Por si só, a contestação do juramento (feudal), verdadeiro sacramento da vida coletiva depois de quatro séculos, manifesta a violência — a violência evangélica — dessas operações. Na emancipação das consciências, a esse juramento substitui um engajamento horizontal nas novas comunidades, em nome da "fraternidade", porque a fraternidade é o lugar da liberdade e, se se quiser, da libertação, portanto da personalização. O despertar do Evangelho foi o fermento dessa evolução.

Nem Abelardo nem Heloísa, nem São Bernardo nem Santo Tomás de Aquino foram inspirados ou caíram de repente do céu e foram abandonados ao seu carisma: eles foram tocados pelos condicionamentos socioculturais que os envolviam de todos os lados e os produziram. Mas, longe de reduzir sua inspiração, seu gênio, seu carisma, esses condicionamentos foram o terreno de sua gênese e de sua fecundidade. *O despertar da consciência* — na civilização ocidental da qual nós somos os herdeiros inclusive nos problemas mais atuais — foi o efeito dessa admirável convergência de fenômenos de civilização em espíritos elevados e amantes espirituais que o fizeram acontecer numa história bastante extensa.

Edições Loyola

editoração impressão acabamento

Rua 1822 nº 341 – Ipiranga
04216-000 São Paulo, SP
T 55 11 3385 8500/8501, 2063 4275
www.loyola.com.br